# Breve Historia de Francisco Pizarro

# Breve Historia de
# Francisco Pizarro

Roberto Barletta Villarán

nowtilus

**Colección:** Breve Historia
www.brevehistoria.com

**Título:** Breve Historia de Francisco Pizarro
**Autor:** © Roberto Barletta Villarán

Copyright de la presente edición: © 2007 Ediciones Nowtilus, S.L.
Doña Juana I de Castilla 44, 3º C, 28027 Madrid
www.nowtilus.com

**Editor:** Santos Rodríguez
**Coordinador editorial:** José Luis Torres Vitolas

**Diseño y realización de cubiertas:** Murray
**Diseño de interior de la colección:** JLTV
**Maquetación:** Claudia Rueda Ceppi

**ISBN-13:** 978-84-9763-444-1
**Fecha de edición:** Febrero 2008

**Printed in Spain**
**Imprime:** Estugraf Impresores S.L.
**Depósito legal:** M-2145-2008

A José Antonio del Busto Duthurburu,
porque sin él, ninguna historia
sobre Francisco Pizarro estaría completa.

A Irene Mineko, porque estamos
hechos de lo mismo.

# Índice

# 1

## Los orígenes

Alonso de Ojeda hería y destajaba a fuerza de machete la espesa vegetación caribeña. Su rostro enrojecido, salpicado por la savia tierna de algarrobos y guabas, escudriñaba todo signo de vida humana. Sesenta de sus hombres, tal vez todos muertos. Pero de todas las posibles pérdidas, la vida más preciada por él era la de su lugarteniente y renombrado piloto Juan de la Cosa. Al lado de Ojeda un hombre lo acompañaba, su presencia a sus espaldas o siempre a su lado lo distinguía del resto de la expedición.

Ojeda tenía en buena estima a ese hombre alto y barbudo. Era valiente, bueno con la espada y con don de mando. Era de poco hablar y no daba muchas confianzas, eso le gustaba. Pero también conocía sus límites; era bastardo y analfabeto, dos premisas que lo descalificaban para un futuro glorioso. Pero en esa selva maldita de los infieles indianos, tales cosas no tenían importancia. Para vencer, primero había que sobrevivir; para sobrevivir había que tener orden, y para guardar el orden no se podía tener miedo. Y ese hombre, ese hombre barbudo, parecía no temerle a nada.

De pronto, en medio de la maleza, vieron a Juan de la Cosa amarrado a un árbol. La selva camuflaba su cuerpo hinchado y deforme; parecía un erizo, cubierto y destrozado por flechas que lo traspasaban. Ojeda lo miró enfurecido. Esas bestias pagarían por la vida de cada uno de sus hombres, pero la de este en particular, la cobraría con mucha sangre.

Recuperó el cuerpo. Los indios caribes disparaban el arco con tal fuerza que las flechas atravesaban a veces tanto las armas como al hombre que las portaba. Si la flecha no mataba, dejaba el cuerpo envenenado.

La ponzoña era preparada por los nativos con hormigas del tamaño de escarabajos, sapos venenosos y colas de culebra en ollas que despedían un olor nauseabundo. Según la dosis contenida en la punta, el herido moría en no más de cinco días. Los españoles habían buscado inútilmente un antídoto. Probaron aplicándole agua de mar a la herida, cauterizándola con fuego o colocándole las mismas heces del herido sin resultado alguno.

Los hombres estaban aterrorizados. Fue difícil controlarlos y ninguno quiso pasar la noche en el asentamiento de tierra firme. Mucho más tarde, se fundaría en aquel lugar la ciudad de Cartagena de Indias.

Los soldados habían hecho incursiones brutales para obtener cautivos. Entonces, los españoles por primera vez habían leído a los naturales, y en castellano, un requerimiento por el cual el rey de España les instaba a someterse a su autoridad, abandonar sus ídolos y abrazar la fe cristiana. Ese mismo requerimiento sería leído muchos años después en una plaza ignota. En ese futuro ahora lejano, el hombre barbudo que hoy tiene unos treinta años hará el acopio de todo lo aprendido a lo largo de su vida, en la hora que definiría su gloria.

Pero ahora estamos en 1510, la resistencia de los aborígenes ha generado masacres, y los españoles llegaron pensando en oro, perlas, especias y a la búsqueda de ciudades doradas y mujeres insaciables. Pero la realidad es radicalmente distinta, y cuando Diego Nicuesa, rival encarnizado de Ojeda, lo encontró exhausto y derrotado en la costa, se apiadó de él.

La enemistad de ambos se había avivado por la mutua competencia. En 1507 el rey Fernando el Católico puso en marcha un plan de colonización de la tierra firme, esto es, la parte continental de América allende a las islas. Los territorios del golfo de Damián fueron divididos para su conquista y gobierno entre Ojeda y Nicuesa. Ojeda era famoso por su valentía y crueldad, también porque había participado con Cristóbal Colón en varias expediciones. Pasaría también a la historia por haber creado las tristes guazábaras o carnicerías de indios.

Bartolomé de las Casas fue uno de los primeros en denunciar los atropellos en el Nuevo Mundo.

La Junta de Burgos, en 1508, delimitó los territorios para que los descubridores actuaran como colonizadores. La idea era cambiar las expediciones de penetración, saqueo y matanzas con la fundación de asentamientos permanentes. Juan de la Cosa, en su calidad de reconocido navegante, medió entre Ojeda y Nicuesa, decidiendo que el límite entre ambas jurisdicciones fuese el gran río que desembocaba en el golfo.

En noviembre de 1509, Alonso de Ojeda partió con 300 hombres y doce yeguas, en dos navíos y dos bergantines. En La Española, Fernández de Enciso, socio de Ojeda, preparaba una flota de refuerzo. Pero Nicuesa había logrado incorporar más y mejores recursos a su expedición. Incluso al final la gente de Nicuesa llegó a decir que uno de los navíos que llevaba Ojeda les había sido hurtado.

A pesar de esos antecedentes, Nicuesa le prestó auxilio a su rival. Juntos vengaron a Juan de la Cosa y a los otros españoles muertos, atacando sin piedad al cacique Catacapa, incendiando su aldea y dando muerte a sus habitantes. Los pocos que sobrevivieron fueron hechos prisioneros.

Nicuesa siguió su rumbo y Ojeda llegó a la punta de Caribana. Ahí levantó el fortín de San Sebastián, llamándolo de este modo para que el santo los protegiese de las flechas mortíferas de los indígenas. Pero los encuentros sangrientos con los naturales se repitieron con frecuencia. La situación empeoró, los soldados no querían aventurarse fuera del fortín. Famélicos y desesperados, muchos murieron de inanición, y uno que hacía guardia de noche, enloqueció de repente.

Un día, Ojeda salió del fortín atraído por los gritos de supuestos indios emboscados. Era una trampa. Su muslo fue alcanzado por una flecha. Ojeda fue llevado a rastras al fortín, ahí le ordenó al cirujano de la expedición que cauterizara la herida con una placa de hierro al rojo vivo. El cirujano lo envolvió luego con paños empapados en vinagre. Salvó la vida, pero su cuerpo se secaba debilitado.

Había llegado al golfo un barco que había pertenecido a genoveses y fue robado por un tal Bernardino de Talavera. El tal Talavera era uno de los primeros piratas del Caribe que se había embarcado con setenta hombres huyendo de sus acreedores. Enterado de la expedición de Ojeda, buscaba algún beneficio lícito o ilícito. Ojeda le habló y se comprometió a un buen pago posterior si lo llevaba a Santo Domingo. Talavera aceptó.

Al despedirse de sus hombres, Alonso de Ojeda, en virtud de los poderes Reales que le habían sido conferidos, dejó a cargo al soldado barbudo que ya en la práctica era su segundo. Su nombre lo conocía bien. A sus dotes por él conocidas se sumaba que era uno de sus mejores soldados y que el condenado parecía inmune a las plagas que asolaban a su hueste. No dudó en dejarlo al mando, ascendiéndolo a capitán y nombrándolo jefe de la expedición en su ausencia.

El hombre barbudo ponía por primera vez su nombre en la historia, Francisco Pizarro era el protagonista de un episodio de la conquista. Habían transcurrido casi diez años desde que pisara por primera vez América.

## Llegada al Nuevo Mundo

El gobernador Nicolás de Ovando era de cuerpo mediano y llevaba una barba cobriza que le cubría gran parte del rostro; no era un hombre grueso, pero su aspecto inspiraba autoridad y respeto. Partió de Sanlúcar de Barrameda el 13 de febrero de 1502 capitaneando una enorme flota de treinta y dos navíos y dos mil quinientos españoles en dirección a Santo Domingo. Era el primer intento organizado por el Consejo de Indias para colonizar el Nuevo Mundo; soldados, funcionarios para afianzar la autoridad del Rey, artesanos, misioneros y, por primera vez, algunas familias buscando un lugar próspero en el que establecer su hogar. Los campesinos embarcados llevaban semillas, aperos de labranza, ganado bovino y caballar.

Numerosos nombres para la historia de la conquista de América venían inscritos en las listas de tripulantes de aquellas naves. Entre ellos había un joven sevillano, quien nacido en una familia de comerciantes y en busca de algún beneficio eclesiástico, pasaría a la posteridad como Bartolomé de las Casas.

En aquella misma expedición, un veinteañero Francisco Pizarro se hace a la mar. Algunas versiones lo sitúan desde ya como armígero o paje de Nicolás de Ovando; otros, como el cronista Fernández de Oviedo, refieren que cuando Pizarro pasó al Nuevo Mundo tan solo llevaba una espada y una capa. En cualquier caso, Pizarro ganó con rapidez una presencia cercana a Ovando, recién nombrado *gobernador de las islas y de la tierra firme de la mar océano*, esto es, de La Española y de los pequeños establecimientos españoles en Cuba.

La ciudad de Santo Domingo no tenía semejanza alguna con las versiones que se daban de ella en España. En realidad, era una de las cuatro aldeas fundadas hasta entonces en La Española. Si bien era la capital, tenía edificadas apenas unas decenas de viviendas, de las cuales solo unas pocas eran de piedra y las demás, de madera. Estaba situada junto al río Ozama, que corría entre arboledas y cañaverales. Una pequeña iglesia estaba en el centro de la urbe y un manantial proveía de agua dulce al vecindario.

Los indios eran exóticos. Andaban desnudos, vivían en casuchas de madera y dormían en hamacas. Eran lampiños, de menor estatura que los españoles pero bien proporcionados, salvo sus frentes anchas y sus narices dilatadas.

En cuanto a las mujeres, iban descubiertas de medio cuerpo hacia arriba; solo en la cintura traían unas mantas de algodón hasta la pantorrilla, que llamaban naguas. Las vírgenes dejaban ver su cuerpo enteramente desnudo. Los españoles solo habían llegado a casarse con algunas cacicas, que eran las jefas tribales, y con indias principales.

En aquellos tiempos, en La Española, Hernán Cortés criaba caballos; Vasco Núñez de Balboa acumulaba deudas; Juan de la Cosa trazaba sus mapas y veía por su encomienda, y Alonso de Ojeda ya soñaba con pisar la tierra firme.

Los recién llegados con el gobernador Ovando fueron víctimas de fiebres y epidemias. El contacto recíproco no diezmaba solo a los naturales sino también a los españoles. Fiebres, trastornos digestivos y enfermedades desconocidas causaron estragos en los cuerpos debilitados y mal nutridos de la nueva expedición. Un año después de su arribo, solo la mitad de los llegados con Francisco Pizarro seguía con vida.

Para los supervivientes y para los antiguos pobladores de La Española, las amenazas comenzaron a evidenciarse. Pasado el estupor inicial producido por el primer contacto con los europeos, los indígenas habían empezado a resistir las continuas exacciones, faenas y desplazamientos forzosos. Algunos caciques se rebelaron al gobierno español y atacaron sus precarios fortines. La compensación económica para los españoles también era magra. La mano de obra escaseaba; el español, al recibir una encomienda, percibía el trabajo de los nativos por un tiempo determinado, supuestamente a cambio de protegerlos, evangelizarlos e instruirlos. Pero en la práctica, el sistema había devenido en esclavista, propiciando la muerte y la fuga de los indígenas. El descenso de la población india fue tan alarmante que las autoridades coloniales decidieron reglamentar las condiciones de trabajo.

Por otro lado, las arenas auríferas, famosas pocos años atrás, no cubrían ahora las expectativas de los hombres. El oro se agotaba, y la mejor manera de obtenerlo ahora era tomándolo del interior de la isla, ahí donde la resistencia de los naturales era más violenta y salvaje. Para Francisco Pizarro esta será una oportunidad. Él reconocía el vacío de su origen, pero sentía el linaje de su sangre; no entendía de alfabetos, pero admiraba, aprendía y se mimetizaba con cada hombre que sabía superior. Pizarro, desde su temprana edad, ya era un alquimista moderno: transmutaba las dificultades en desafíos, y los desafíos en oportunidades.

Nicolás de Ovando, aun para un testigo tan crítico como Bartolomé de las Casas, era un hombre justo, honesto en sus palabras y obras, lejano a la codicia y sencillo en el comer y el vestir. Nunca perdía su autoridad y gravedad. Sin embargo, era un hombre que sabía aplicar el rigor, y cuando lo hacía, las circunstancias lo ameritaban.

En cuanto atendió la emergencia provocada por un huracán que afectó Santo Domingo, poco después de su llegada, Ovando partió al suroeste de la isla, en otoño de 1503. Pizarro participó de aquella campaña en calidad de armígero del gobernador. Internados en la vegetación bajo el calor tropical o durante la noche, alumbrada por los cocuyos, Ovando y sus hombres diseñaban las estrategias de ataque.

Una noche, aprovechando una fiesta ofrecida en su honor por los caciques indios, el gobernador dio la señal de la matanza: la emboscada se produjo sobre ochenta jefes nativos que estaban reunidos en una gran cabaña donde se celebraban las festividades. Los caciques fueron degollados y quemados. La cacica Anacaona fue colgada, por respeto a ella.

Su inferioridad numérica y lo adverso de un medio desconocido y agreste obligaron a los hispanos a desarrollar esta celada como estrategia de batalla. En 1504 se dio la guerra de Higüey para pacificar el lado sureste de la isla: los gritos de los indios masacrados se mezclaban y confundían con los alaridos de los papagayos.

Aprovechando la nueva situación, Ovando, siguiendo las instrucciones reales, fundó diecisiete villas para consolidar la presencia española en la isla. Cada una no tenía más que unas decenas de hombres, pero significaban bases de apoyo en el proceso de colonización. Ovando también impulsó la ganadería en la isla, multiplicándose cerdos, caballos y vacas. La producción de oro se incrementó gracias a las zonas recientemente pacificadas, y se extendieron y racionalizaron las encomiendas.

Sin embargo, La Española era un espacio que no le ofrecía la gloria a Pizarro. Las posiciones de privilegio ya estaban ocupadas por aquellos que habían llegado con el descubrimiento y era imposible, por su origen, esperar algún apoyo de aquellos

Las matanzas contra los nativos fueron graficadas por el famoso grabador del siglo XVI Teodoro De Bry.

poderosos para compensar su hoja de servicios. Más allá de los beneficios económicos obtenidos gracias a las expediciones militares, nada le esperaba en La Española.

Como encomendero, Pizarro hubiera terminado su vida criando caballos o catequizando nativos, y aunque esto le hubiese reportado mucha más fortuna que haberse quedado en Trujillo de Extremadura, él menos que nadie había nacido para ello.

En 1509, dos meses después de que Nicolás de Ovando dejara La Española, Pizarro se embarca de nuevo, esta vez con Alonso de Ojeda, hacia tierra firme. La vida le vino sin pulir, y él sería su mejor orfebre.

# EL APOCALIPSIS

El barco pirata que trasladaba a Alonso de Ojeda a Santo Domingo naufragó. Los marineros murieron ahogados o en los pantanos de Zapata. El gobernador de Jamaica ordenó colgar a los pocos piratas supervivientes y Ojeda, rescatado, fue trasladado a Santo Domingo. Allí, el famoso y a veces sangriento Alonso de Ojeda tomó los hábitos como hermano franciscano, recluyéndose en un convento. Su cuerpo, seco y debilitado, que había sobrevivido a las penurias del naufragio y de una selva infestada de alimañas ignotas, era consagrado ahora al Creador.

En tierra firme, la situación del grupo de hombres que había quedado al mando de Pizarro era desesperada. Esperaban noticias de Ojeda, en aquel momento perdido en la selva caribeña, o la llegada de la flota de refuerzo de Fernández de Enciso, que ya debía de haber partido de Santo Domingo.

Ojeda le había encargado a Pizarro resistir en el fortín de San Sebastián cincuenta días, al cabo de los cuales, si no llegaba ayuda, los hombres podían abandonar el asentamiento en los dos bergantines que habían quedado a su disposición. El hombre barbudo gozaba del respeto de los hombres, de su obediencia. Aunque las condiciones de vida llegaran al límite de lo soportable, él debía conservar la posición; aun si el riesgo de una revuelta siempre estuviera vigente, él se mantendría firme.

Pasaron los días y se les presentó el riesgo real de morir de hambre. Pizarro tuvo que ordenar matar las cuatro yeguas que les quedaban, mandando secar y salar la carne para consumirla poco a poco. Ese era el último recurso de supervivencia, los caballos eran considerados lo más valioso entre las existencias de una expedición.

Cuando se cumplieron los cincuenta días a Pizarro se le planteó una cuestión de conciencia; los bergantines no podían soportar a los setenta supervivientes. Eran hombres famélicos y enfermos; herido más de uno por los ataques de los naturales; tenían entonces el aspecto de fantasmas, de los espectros de la expedición original que saliera con Ojeda.

Pizarro no podía privilegiar la vida de unos sobre otros. Mosquitos, alacranes y tarántulas atacaban sin misericordia. El conquistador decidió entonces que la propia naturaleza se encargara de reducir su número de efectivos. Así, cuando la muerte hizo su penoso trabajo, los españoles desmantelaron el fortín, se apiñaron en los navíos y se largaron mar adentro.

Se desató una fuerte tempestad. Los hombres sintieron estar marcados por la fatalidad, creyeron estar viviendo realmente el Apocalipsis de San Juan. El viento sacudía a los bergantines como si fueran de cartón, la lluvia y el fuerte oleaje anegaban las cubiertas. Pizarro capitaneaba una de las naves, cuando ante sus ojos, una montaña gris emergió de entre las aguas. Logró virar el curso de su navío escapando del contacto del monstruo. El cetáceo se acercó peligrosamente a la otra embarcación como si fuera a tragarla, se puso de lado y de un coletazo destrozó el timón de la nave. Pizarro, atónito, no pudo hacer nada; el bergantín sin gobierno se hundió y todos sus ocupantes perecieron ahogados.

Pizarro trató de conducir su navío a la costa para guarecerse de la tormenta y tratar de proveerse de agua. Fue inútil, no pudo tocar tierra ante una lluvia de saetas disparadas por los flecheros caribes.

La moral de los soldados solo se mantenía gracias a la fe y al valor de Pizarro. Para todos, mucho más que un jefe, él era su líder absoluto: un ser inmune a fiebres, flechas y tormentas.

Finalmente, navegando por la costa, desfallecidos y casi muertos de sed, los hombres de Pizarro creyeron ver un espejismo cuando apareció ante ellos un navío español. Era nada menos que la esperada nave de Fernández de Enciso dirigiéndose al Golfo de Urabá. Estaba provista de ciento cincuenta hombres, quince caballos, armas, pólvora y un bullicioso contingente de cerdos.

El derrotero de Enciso obedecía a lo establecido por la Junta de Burgos de 1508. Diego de Nicuesa recibió la zona occidental, entre el istmo y el cabo Nombre de Dios (actuales costas de Panamá, Nicaragua y Costa Rica); mientras Alonso de Ojeda, conjuntamente con Enciso, había recibido la zona este, es decir, desde el golfo de Urabá al Cabo de la Vela (actual parte septentrional de Colombia).

Los chillidos y el potente olor de los cerdos hacen que los recuerdos de la infancia acudan a la mente del hombre. El rostro adusto, el ceño fruncido de Pizarro es el mismo, pero su mirada es ahora la de un bellaco de diez años. Él está colgado en la cerca de un chiquero, los puercos se revuelcan en el fango y una hembra enorme recibe los embates de un brioso macho sobre el lomo. Un guarro sobre una guarra, pensó. Las protestas y lamentos de sus hombres lo trajeron de vuelta al golfo de Cartagena. Enciso no creía palabra; para él, Pizarro y los demás se habían amotinado abandonando el fortín establecido por Ojeda.

Pizarro, respetuoso y formal, le hizo a Enciso una descripción pormenorizada de los hechos, el viaje de Ojeda a Santo Domingo y el reciente deceso de la mitad de los soldados. También le hizo presente su posición como responsable temporal de la expedición. Enciso lo miró de soslayo; él mismo se reconocía como un hombre de leyes y su impericia en las armas y como navegante lo hacían un hombre desconfiado y escéptico. Más aún si tenía enfrente a aquel hombre recio de aspecto bárbaro.

Al final, Enciso, viendo el aspecto amarillento de los hombres, dijo creerles, pero haciendo valer su título de Alguacil Mayor de Urabá decidió ir hasta San Sebastián. En realidad estaba seguro de que Ojeda lo estaba esperando ahí. Pizarro y sus hombres le ofrecieron las dos mil onzas de oro que traían consigo para que los dejasen ir a Santo Domingo. Pero Enciso era fiel a sus decretos y no sabía retractarse.

Entrando al golfo de Urabá, la torpeza de Enciso como navegante provocó el naufragio de la nave mayor. Ante la desesperación de la tripulación, se ahogaron caballos y puercos. No se perdieron hombres, pero al bajar a tierra las provisiones, varios soldados fueron alcanzados por los flecheros. Ahora estaban en San Sebastián, las pocas instalaciones que dejó la expedición de Ojeda habían sido completamente destruidas por los nativos.

Pizarro no había mentido, el lugar era inhabitable y Ojeda no estaba. Enciso comenzó a ser cuestionado por los propios hombres de su tripulación, más aún cuando se empecinó en la reconstrucción del fortín. El descontento aumentaba, los hombres de Pizarro sabían que estaban siendo conducidos a la muerte. Ante todo esto, un nuevo acontecimiento se había producido con la llegada de Enciso a Urabá.

Vasco Núñez de Balboa venía como polizón en la nave de Enciso. Para lograrlo, se había escondido en un barril embarcándose con su perro de guerra, Leoncillo. En su momento había tratado de salir en la expedición de Ojeda, pero sus acreedores se lo habían impedido. Ahora, con un carisma natural que le ganó la simpatía de todos, levantó el ánimo de los hombres, hablándoles de mejores tierras y grandes riquezas hacia la parte occidental del golfo.

Balboa exageraba, pero sí conocía la zona. En 1501, junto a Rodrigo de Bastidas y Juan de la Cosa, recorrió el Cabo de la Vela, Cuquibacoa y lo que luego sería el Nombre de Dios. Con una pequeña fortuna en oro y perlas, naufragaron. Perdidos, llegaron hasta Santo Domingo, donde el gobernador Nicolás de Ovando los apresó acusándolos de intrusos. Una vez libre, Balboa se dedicó a la agricultura, pero sólo cosechó pérdidas y deudas.

Núñez de Balboa era hidalgo pobre y natural de Extremadura, la misma tierra de Francisco Pizarro.

## ORIGEN Y LEYENDA

No existe un registro oficial del nacimiento de Francisco Pizarro. Por tratarse de un bastardo no quedó asiento alguno de su bautizo en el templo. Al quedar tan pocas señas de su origen, otros escribirían su leyenda.

Pizarro nació en Trujillo de Extremadura, posiblemente en 1478, y pudo haber sido bautizado en la iglesia de San Miguel. Empero existe consenso en que fue el hijo extramarital de don Gonzalo Pizarro y Rodríguez de Aguilar y Francisca González.

El padre era miembro de una familia de nobleza provinciana, que como militar estuvo en los tres conflictos en los que participó la corona de Castilla y León. Primero contra el reino de Granada entre 1481 y 1492, último baluarte musulmán en la península, en cuya campaña llegó a ser alférez de un cuerpo del ejército de los Reyes Católicos. Luego, en Italia, sirvió en el frente entre 1495 y 1503, lo que le dio el sobrenombre de el Romano, que se sumó al original de el Largo en alusión a su alta estatura. A su regreso a España, Isabel la Católica lo premió nombrándolo Contino. Finalmente, a la guerra de Navarra acudió como capitán de una compañía desde 1512, y se destacó en Logroño, Pamplona y Amaya. En esta última recibió un arcabuzazo en la pierna, que le sería fatal. Su cuerpo fue sepultado en la iglesia San Francisco de Pamplona y luego trasladado a la iglesia de la Zarza, su propiedad cerca de Trujillo.

Pero el 14 de septiembre de 1522, días antes de su muerte, Gonzalo Pizarro y Rodríguez de

Aguilar dictó su testamento. En él hizo expresa mención de su prole fruto de su unión legítima con su prima doña Isabel de Vargas y Rodríguez de Aguilar, con quien tuvo dos niñas y un solo hijo varón, Hernando. Asimismo, se ocupó de sus hijos bastardos: Juan y Gonzalo, nacidos de su relación con María Alonso, hija de un molinero de Trujillo; Francisca Rodríguez Pizarro y María Pizarro, de madre o madres desconocidas; y Graciana y Catalina Pizarro, engendradas con una criada.

De este hecho deviene el misterio del origen de Francisco Pizarro. A pesar de la prolijidad de su testamento, Gonzalo Pizarro *el Largo,* omite mención y herencia alguna a favor de su primogénito, bastante mayor que sus demás hermanos.

La madre de Pizarro, Francisca González, pertenecía a una familia de cristianos viejos, labradores y, por el lado paterno, comerciantes de ropa usada. Como joven huérfana y sin fortuna, fue colocada al servicio de una monja, doña Beatriz Pizarro de Hinojosa, quien era tía de Gonzalo Pizarro *el Largo*.

¿Por qué razón Gonzalo no reconoce a Francisco Pizarro en su testamento? Él era un hombre tan preocupado por su prole que incluso trataba de casar a las madres de sus hijos con criados suyos para asegurarles un hogar. ¿Por qué ignoró a Francisco? El pequeño bastardo llevaba el nombre de los Pizarro, lo cual atestigua que le fue añadido en algún momento de su vida. Si Gonzalo Pizarro *el Largo* lo reconoció, ¿por qué renegó de él después?

Se conoce que el viejo abuelo paterno, don Hernando Alonso Pizarro, regidor de Trujillo de 1498 a 1500, acogió en la casa de los Pizarro al mozuelo. La posición de don Hernando era de mucha figuración en Trujillo, y estaba casado con doña Isabel Rodríguez de Aguilar, con quien tuvo cinco vástagos.

En Francisco, su abuelo reconoció la fuerte contextura de su sangre, el buen talle y el penetrante entrecejo que revela la bravura de carácter. En el viejo, Francisco tomó conciencia de su linaje y de la estirpe de sus ancestros, algo que no había sentido en la humilde vida de aldeano que había llevado. Pero también sabía que se le aceptaba solo de visita, y que de aquel mundo no tendría ni las migas. Todo dependería de su voluntad y su fuerza, muy a pesar de la bastardía de su origen y de habérsele negado una educación de joven hidalgo.

El cronista de Hernán Cortés, Francisco López de Gómara, acaso en su afán por enaltecer la figura del conquistador de México, fue el creador o divulgador de la leyenda. Según esta, al nacer Pizarro le habían echado a la puerta de una iglesia y no habiendo quien quisiera darle leche, fue amamantado por una puerca.

Los cerdos eran animales comunes en Trujillo, los mayores criadores de ganado porcino eran las propias familias nobles de la ciudad. Sin embargo, el marrano era un animal de connotaciones funestas; en la sociedad española del siglo XV, se le asociaba con el vilipendiado judío. El que López de Gómara lo vinculara a una puerca no tuvo que ver con el origen de Pizarro, nacido de hidalgo y cristianos viejos, tal vez fue otra la razón del estigma.

Veamos, cuando Francisco Pizarro dejó España en la flota de Nicolás de Ovando, Hernando, el hijo de Gonzalo Pizarro *el Largo*, ni siquiera había nacido. La diferencia de edad entre uno y otro era de veinticuatro años. De hecho, pudo haber sido el hijo temprano de Gonzalo, en cuyo caso el abuelo pudo haber asumido la paternidad; pero la falta de una atención educativa para el niño hace lejana esta posibilidad.

La otra opción es que Francisco Pizarro fuese realmente el hijo natural del supuesto abuelo, es decir, de don Hernando Alonso Pizarro, quien lo habría engendrado a sus cuarenta años con aquella bella joven que iba y venía del convento a su casa trayendo los recados y solicitudes de su hermana. En efecto, la monja guardaba clausura en el convento de San Francisco el Real, y Francisca González tenía que alternar con frecuencia con los Pizarro. Se trataría, entonces, de un bastardo no solo negado por su padre, sino que por conveniencias sociales habría sido endilgado a otro.

Esta historia se condice con la actitud de Gonzalo Pizarro *el Largo* al momento de testar y con la respectiva leyenda de López de Gómara. Incluso en lo referido a las pertenencias que dejó Juan, hermano de Gonzalo, en tierras americanas, este las reparte en porciones iguales entre Hernando y sus otras hijas legítimas, omitiendo a Francisco quien no solo ya estaba en el Nuevo Mundo, sino que incluso, según algunas versiones, en realidad viajó a las Américas para ayudar a su tío, que no tenía descendencia en la administración de sus bienes.

Según la misma leyenda, el padre de Francisco Pizarro lo habría llevado a guardar puercos. En realidad Pizarro debía de haber sido porquero, negocio habitual y en pleno apogeo en aquellos años. Sin embargo, según esa historia, los animales habrían contraído la rabia, y por temor a tener que responder por ellos Pizarro habría huido con unos caminantes.

El énfasis de este aspecto de la leyenda está en la supuesta negligencia y cobardía de Pizarro. Resulta obvio que es tendenciosa y que buscó desdibujar su valía. Lo único seguro es que Pizarro dejó Trujillo de Extremadura, posiblemente en 1493, en dirección a Sevilla.

Sevilla, para entonces, se estaba convirtiendo en el puerto de las Indias. En 1503 se instalaría en la ciudad la Casa de la Contratación, que sería la institución que tendría a su cargo el tráfico de personas, mercancías y naves entre España y América.

Para Pizarro, Sevilla fue también la puerta del mundo. En sus estrechas callejuelas pululaban marineros, militares sin oficio, prostitutas, mercenarios, comerciantes y delincuentes de toda laya. Francisco Pizarro, espigado y con sus mozos dieciséis años, se paseó deslumbrado por el Arenal. Sentado en el muelle, vio partir y luego volver las naves y carabelas con destino al Nuevo Mundo. Observando a los que se aprestaban como tripulantes, escuchando los gritos que solicitaban marinos, gavieros, cocineros y soldados, Pizarro pensó en su destino. Pero no como algo inaccesible o que estuviera sujeto a fuerzas que no fueran las que llevaba consigo. El destino era aquello que él podría construir con la fuerza de su sangre.

Si Pizarro no hubiera sido un bastardo, tal vez habría sido un casi anónimo hidalgo provinciano. La negación de la hidalguía que corría por sus venas se templó como el acero en la fragua de su pecho, haciendo de él un soldado y un conquistador.

## Un mar en el sur

Vasco Núñez de Balboa hablaba, exaltado, de organizar expediciones a la parte occidental del golfo y que solo la muerte los esperaba en Urabá. Pero Fernández de Enciso sabía que esas tierras le habían sido asignadas a Diego Nicuesa, y lo último que era capaz de hacer era incumplir una orden real. Además, Enciso sabía que dejar San Sebastián era como aceptar su error.

Sin embargo, la muerte comenzó a diezmar a los hombres. Estático y sin rumbo, temiendo una rebelión, Enciso aceptó embarcar a setenta y cinco soldados de acuerdo con las sugerencias de Balboa. Así, en noviembre de 1510, y a pesar de la resistencia indígena, los españoles tomaron un pueblo aborigen denominado Darién. Estaba situado en el interior y lo unía al mar el brazo de un río. Con la idea de edificar ahí una ciudad en el futuro, fundaron un campamento de nombre *La Guardia*, que luego sería rebautizado como *Santa María la Antigua del Darién*.

Enciso, que se puso al mando de La Antigua, asumió la conducción de la colonia de la manera más impopular. Su afán reglamentarista le hizo prohibir a sus hombres, bajo pena de muerte, el intercambio de oro por baratijas con los nativos. La norma estaba dada para evitar el tráfico desordenado y las disputas internas, pero la soldadesca pensaba que buscaba beneficiar tan solo al propio Enciso.

Balboa organizó una rebelión. Pizarro se opuso, el respeto a la autoridad y a la legitimidad de quien la detentara, estaba muy por encima de los errores que un gobernante pudiese cometer. Este rasgo no solo haría que se ganase la confianza de sus superiores, también haría de él uno de los jefes más respetados del Nuevo Mundo.

Pero Balboa encontró una salida legal. Solicitó la creación de un Cabildo electo, ya que la población no estaba en la jurisdicción de Ojeda, a quien Enciso representaba en tierra firme. Los 180 españoles que vivían en La Antigua conocían a sus líderes. Balboa fue elegido alcalde mayor del Cabildo y Francisco Pizarro fue puesto al mando de la tropa.

Por su parte, Diego Nicuesa sufrió naufragios, disensiones internas, enfermedades de todo orden y ataques de los aborígenes. Sus fuerzas diezmadas eran solo de cuarenta hombres desfallecientes establecidos en Nombre de Dios. Aún así, cuando se enteró de la presencia de Enciso, Balboa y Pizarro en sus territorios, juró castigarlos y expulsarlos.

Se presentó en las costas de La Antigua con el objeto de tomar la ciudad, pero sus soldados no estaban en capacidad física de enfrentarse a Pizarro y a su tropa. A Nicuesa se le embarcó en una nave casi inútil, con sus hombres más allegados y unos pocos víveres. Nunca más se supo de ellos.

Una vez expulsado Nicuesa, los enfrentamientos entre Balboa y Enciso se reavivaron. Balboa arrestó a Enciso y lo envió a España; Martín de Zamudio fue con él, era el segundo alcalde de La Antigua y llevaba un presente en oro al Consejo de Indias, con el objeto de que obviara los líos con Enciso y los problemas de jurisdicción. Pero Enciso no olvidó esta afrenta y juró vengarse del hombre del barril. Según las reglas imperantes, al descubrirlo como polizón debió de dejarlo a merced de Dios en el islote más cercano. Pero no, él le había perdonado la vida y ahora le pagaba con este despojo, a él, a quien había organizado la expedición con Alonso de Ojeda. Y Enciso fue masticando su rabia hasta llegar a España.

La primera orden que recibió Pizarro de Balboa fue sacar una avanzada de seis hombres y dirigirse hacia las tierras del cacique Careta en busca de oro. Sin embargo, en tanto la pequeña expedición cruzó las tierras del cacique Cemaco, este apareció con sus guerreros y lo atacó. Pizarro, al verse prácticamente cercado por los naturales, ordenó disparar los arcabuces. Los indios se detuvieron, y los españoles aprovecharon para iniciar la retirada. Pero los nativos se recompusieron y atacaron de nuevo. Uno de los soldados fue herido, y al resto le resultó imposible sacarlo de ese infierno.

Todos esperaban que Balboa, al enterarse de lo acontecido, felicitara a Pizarro por haber salvado la vida de los cinco hombres restantes, pero Balboa hizo llamar a Pizarro y le ordenó volver a rescatar al soldado herido y prisionero. Balboa lo había dicho ufano de su autoridad, con el único propósito de incrementar la admiración que le tenían los hombres; de ningún modo esperaba que Pizarro arriesgara la vida y volviera a esa selva infestada de flecheros. Sin embargo, Pizarro lo hizo. Callado, volvió, atacó de manera inmisericorde a los aborígenes y rescató al prisionero.

Cuando Balboa se enteró, sonrió. Ese Pizarro era de esos pocos que sabían ser leales y obedecer. Y justamente era un hombre de esa naturaleza el que necesitaba para desarrollar las acciones a tomar.

Balboa era hombre inteligente e intuitivo a la vez. Sabía que solo con actos de trascendencia lograría legitimarse ante la Corona y mantener viva la fe de sus hombres. Ya las trifulcas por el oro carcomían a los habitantes de La Antigua. El único modo de conseguir el metal precioso a corto plazo era a través de incursiones contra la tribu del cacique Careta.

Los enfrentamientos se fueron haciendo más frecuentes y sangrientos. Entonces Balboa desarrolló una estrategia que sería decisiva no solo para sus aspiraciones de lucro inmediato, sino para que Pizarro, como alumno aplicado, las usara en el futuro en aquella hora que definiría su gloria.

Lo que Balboa hizo fue detener al cacique Careta y a todo su séquito de mujeres y criados, logrando así la rendición de todos los guerreros indígenas. Logrado el objetivo con éxito absoluto, Balboa le ofreció al cacique la libertad y la ayuda de las huestes españolas en contra de su enemigo, Ponca, a cambio de provisiones, cargadores y guías para sus expediciones futuras. Para lacrar la alianza, se realizó la unión dinástica de rigor: Balboa se casó con la hermosa Anayansi, la hija de Careta.

Algunas versiones refieren que fue ella la primera que le habló a Balboa de un mar azul y de un reino al que denominaban Dabaybe. Pero el español habría tomado esas historias por fábulas, dirigiéndose a las tierras del cacique Comagre.

Balboa y Pizarro entablaron buenas relaciones con Comagre, compartiendo con él y su hijo Panquiaco veladas bien surtidas de venado asado y vino de palma. El palacete del cacique era el escenario de las opíparas comidas, la cerveza de maíz refrescaba las noches e hinchaba la imaginación.

Fue en una de aquellas veladas en la que se produjo una disputa entre unos soldados españoles por unas piezas de oro. Entonces Panquiaco se rió burlón y de repente, en presencia de todos y ante los ojos inyectados de Balboa y Pizarro, refirió que había una provincia donde grandes reyes tenían tanto oro que lo usaban para hacer grandes vasos en los que comían y bebían; y que por allí también había un mar donde navegaban otras gentes con barcas de velas y remos. Panquiaco señaló con dirección al sur.

Balboa se encendió con la noticia, era el otro mar, ese que el almirante Cristóbal Colón había tratado de hallar sin éxito y cuyas aguas bañaban la Catay de Marco Polo. Pizarro lo secundaba como su lugarteniente, pero en su mente resonaban mucho más las palabras de Panquiaco referidas a los tesoros del sur.

## La gloria tan temida

Los torsos desnudos emergieron de la masa espesa de agua y de lodo. El pantano cubría hasta la cintura el cuerpo de los hombres. No parecían humanos. Sus piernas apenas se arrastraban en medio del barro, con los brazos en alto y las armas y las ropas sobre sus cabezas. Pizarro miró a sus hombres, luego se vio a sí mismo sin reconocerse. A veces era mejor sumergirse para evitar la nube de mosquitos que lo devoraban poco a poco, pero entonces era más difícil moverse, había que levantar con firmeza cada pierna para que no se pegara en el fondo.

Al frente, los guías y portadores facilitados por el cacique Careta y su otrora enemigo, el cacique Ponca, colaboraban con los españoles.

A inicios del mes de septiembre de 1513, Vasco Núñez de Balboa había escogido a sus setenta y siete hombres más sanos y fuertes para el último tramo de la expedición. Antes, envió a la corona 5.000 pesos de oro como parte del Quinto Real con un relato detallado de aquellas tierras descubiertas. Balboa sabía que su futuro se definiría en tierra firme, ante la Corte y en el Consejo de Indias. Estaba seguro de que Enciso no estaba quieto, de que ese leguleyo debía de estar intrigando en su contra.

Las semanas se sucedían rápidamente. La ciénaga hasta el pecho. Los ríos y la selva espesa, oscura como una caverna; una cueva verde y viva infestada de fiebres, alimañas y salvajes. Algunas veces los nativos huían al ver a los blancos barbudos; otras atacaban y, según las crónicas, 600 guerreros del cacique Torecha murieron fulminados por aquellos extraños dioses con poderes sobre el rayo y el trueno. Al final, y a pesar de todo, los hombres blancos fueron acogidos y atendidos por las tribus restantes; ese era el arte de Balboa.

En la madrugada del 25 de septiembre los guías condujeron a los españoles hacia la cumbre de la cordillera. Los nativos anunciaron que estaban próximos a la visión de aquel mar. Entonces, Balboa ordenó a Pizarro y a los 26 soldados que habían logrado llegar hasta el lugar que se quedasen en aquel sitio. Él quería para sí la gloria de ser el descubridor indiscutible del nuevo mar.

Balboa arroja a los perros a varios indios vestidos
como mujeres y culpables de sodomía.

Balboa subió solo el último tramo que lo separaba de la cúspide. El sol quemaba su rostro y la
pendiente era pronunciada, pero las piernas respon-
dían ágiles y precisas. El corazón pareció desbo-
carse cuando el reflejo del mar lo cegó. Era la mar,
la Mar del Sur, una inmensa extensión de agua
calma, verde y brumosa. Balboa cayó de rodillas,
se santiguó nombrando a Dios y tomó posesión
simbólica de la enorme masa de agua en nombre
del rey Fernando.

Otra vez en pie, Balboa ordenó a viva voz la
subida y el avance hasta la orilla. El primero en
alcanzarlo fue Pizarro. El abrazo de los dos hombres, los gritos eufóricos de la hueste y las plegarias a voz en cuello agradeciendo al Cielo resonaban por doquier. El capellán de la expedición, fray
Andrés de Vera, improvisó un *Te Deum* cantado en

aquella cima, y se levantó una cruz, hecha de un árbol, en la que grabaron las iniciales del rey.

La bajada a la orilla fue penosa y demoró aún cuatro días a la expedición. Al fin, el 29 de septiembre, Balboa se internó en el océano con la espada desenvainada en la diestra y el pendón en la otra mano. Así, con el agua hasta los muslos, tomó posesión de aquellos mares, costas e islas, por la multiplicación de la fe cristiana, para la conversión de los indígenas y para la prosperidad y el esplendor del trono de Castilla. Era el día de San Miguel Arcángel de 1513.

Pizarro contempló ensimismado la inmensidad de aquel mar turquesa y ligeramente azul. Sonrió, como adivinando que su futuro estaría por siempre abrazado a ese mar; se acercó a la orilla y se persignó mojando los dedos en el agua salada. Era, para él, un mar bendito. Luego se abrazó con Balboa y no pudiendo reprimir su gozo, saludó y felicitó a cada uno de los hombres. La algarabía fue total. Los españoles se llevaban el agua a la boca para constatar su salinidad. Al levantarse el acta del descubrimiento, el nombre de Pizarro figuró en tercer lugar luego de Balboa y de fray Andrés de Vera; aunque en realidad, algún otro escribió su nombre en el papel.

En el camino de regresó a La Antigua, la expedición tuvo un encuentro gentil con el cacique Turnaco. Balboa inquirió sobre la tierra austral; entonces, Turnaco hizo la primera descripción del mundo de los Incas. Refirió que, siguiendo aquella costa hacia el sur, había ciudades hechas con grandes bloques de piedra, con abundante oro y ciertas bestias extrañas en las que ponían sus cargas aquellas gentes. Ante la extrañeza de los españoles, Turnaco moldeó en barro una especie de oveja con cuello de camello.

Cuando Balboa, Pizarro y su hueste regresaron a La Antigua, estaban enjutos, acalenturados, pero con las bolsas llenas de oro y con la esperanza de un mejor futuro para todos. Además, unos treinta caciques se habían hecho aliados de la Corona española, y el descubrimiento de la Mar del Sur era el hecho de mayor relevancia del Nuevo Mundo tras su hallazgo por Colón.

Mientras, en España, Pedro Arias Dávila, miembro de la nobleza española, fue nombrado primer gobernador de tierra firme, la que fue rebautizada como Castilla del Oro. Pedrarias, como fue apocopado, zarpó en abril de 1514 con una flota de veinte naves y 1.500 hombres con dirección a La Antigua. Era la armada más vistosa que había tomado rumbo al Nuevo Mundo, y en ella viajaban personajes tan importantes para la Historia como Hernando de Soto, Sebastián de Benalcázar, Diego de Almagro y el clérigo Hernando de Luque.

También se habían embarcado dos hombres que tendrían una presencia determinante en el futuro cercano: Gaspar de Espinosa y Fernández de Enciso, quien regresaba por venganza.

En España, Enciso había logrado un proceso en contra de Balboa. Se le acusaba de la muerte de Nicuesa por desobedecer las leyes reales, y de causar diversos perjuicios en contra de Enciso.

En medio del solemne ingreso de Pedrarias y de los recién llegados, todos los cuales iban lujosamente ataviados, Balboa y Pizarro se preguntaban

Las primeras referencias a los camélidos americanos se parecieron más a la descripción de monstruos híbridos.

en cuánto cambiaría su suerte. Se cantó un *Te Deum*. Para Pizarro, el nombramiento de Pedrarias significaba perder el privilegio de la jefatura militar, y para Balboa tener que afrontar un proceso en su contra.

Sin embargo Balboa logró revertir la situación, recuperó la confianza de la Corona con oro, perlas y el relato del descubrimiento de la Mar del Sur. Tanto fue así que fue nombrado *Adelantado de la Mar del Sur* y, como si esto fuera poco, a fuerza de galanura y de perlas se ganó el favor de doña Isabel de Bobadilla, la esposa del mismísimo gobernador Pedrarias, casándose luego con María de Bobadilla, su hija, que estaba en España. Solo el donaire de Balboa podía lograr semejantes extremos.

Pizarro, por su parte, había mostrado desde la llegada de Pedrarias el respeto a su autoridad. Se presentó ante él y le reconoció como gobernador y representante del rey. Aquel hombre tosco sorprendió a Pedrarias, era rara aquella combinación de fuerza y humildad, era algo así como un gigante gentil. Sin duda, Pizarro era famoso en La Antigua e ideal para las futuras expediciones, pero Pedrarias pensó tenerlo siempre bajo el control de un superior.

De este modo Pizarro, en calidad de lugarteniente del capitán Gaspar de Morales, salió con 60 soldados en busca de un botín de perlas al archipiélago de Terarequí. Pero Morales no era Balboa, no respetaba ni los ritos ni las costumbres de los naturales. Una noche, apresó como rehenes a las mujeres de un pueblo, aprovechando que estaban separadas de los hombres por los ritos de iniciación. En otra oportunidad, utilizó al cacique amigo Chiruca para convocar una supuesta junta secreta de caciques; los diecinueve que llegaron fueron encadenados y atormentados con perros de guerra hasta su muerte.

Con Gaspar de Morales supieron los españoles de un gran señor llamado Birú, rico en oro y perlas, pero al tratar de saquear sus riquezas fueron repelidos y acorralados. Los soldados, heridos, exhaustos y aterrorizados, vieron cómo uno de los suyos se ahorcaba delante de todos para no caer en poder de los nativos. Para escapar de los indios, Morales ordenó matar a las mujeres y niños que mantenía cautivos, logrando que los hombres se detuvieran a llorarlos. Con el tiempo, aquella sería recordada como una de las expediciones más crueles en la conquista de Castilla del Oro.

Pero fue el conocimiento de la brutalidad del licenciado Gaspar de Espinosa lo que enervó más a

Balboa. Espinosa se adentró en Comagre y Poco-rosa entre 1515 y 1517, apresó a muchos indios para esclavizarlos, ahorcó a otros y los torturó con el uso de perros. A los que dejaba ir, les cortaba las manos y las narices. Inventó la pena de *tiro de pólvora,* que consistía en atar a un nativo y atrave-sarlo con un disparo de cañón. El ingreso de la bala era del tamaño de una nuez, pero al salir por la espalda dejaba un agujero del tamaño de la boca de una botija de media arroba.

Cuando volvió a La Antigua, Espinosa llevaba dos mil indios para venderlos como esclavos.

En esa época, Balboa se dedicaba a la cons-trucción de cuatro navíos para navegar la Mar del Sur en la costa oeste del istmo de Panamá. Pero las noticias de las expediciones lo alarmaron e indig-naron. Escribió sendas cartas al rey, acusando prin-cipalmente a Espinosa de destruir su trabajo diplo-mático y de torturar y matar a indios aliados, que por lo tanto, eran súbditos fieles del rey. Espinosa, quien a la sazón había sido nombrado alcalde de La Antigua, le impuso a Balboa multa tras multa hasta llevarlo casi a la ruina.

Balboa estaba en Acla, villa fundada por él con la autorización de Pedrarias, cuando le llegaron rumores del nombramiento de un nuevo goberna-dor. Entonces envió emisarios para descubrir la verdad. Era una trampa. Enciso y Espinosa habían envenenado el alma de su suegro, quien entendió la presencia de los mensajeros como una traición. Hizo llamar a Balboa.

Pizarro recibió la orden inaudita de apresar a su antiguo jefe y compañero. Poco antes había reci-bido de parte de Pedrarias, por primera vez, el

El uso de perros de guerra para torturar a los
naturales fue frecuente durante la conquista.

grado de capitán independiente para la expedición
hacia Abrayme. Ese había sido el primer acto de
confianza del gobernador hacia él; ahora le ponía la
prueba mayor, prender a un amigo. Pero para Pizarro era mucho más, él consideraba a Balboa el
mejor de la tierra firme, y estaba convencido de que
sería incapaz de llevar a cabo un acto de traición.

Balboa supo del peligro, pero no se amilanó.
Continuó su avance hacia La Antigua sabiéndose
inocente, hasta que se topó con Pizarro. Cuando
oyó la orden de su arresto, le recriminó con sorna el
recibimiento al amigo. No era, de ninguna manera,
el modo en que Pizarro solía recibir a Balboa.

Pizarro calló. Debía cumplir la orden de la
legítima autoridad. Él era un soldado, no hacerlo
habría significado un acto de desacato, insubordi-
nación y rebeldía. Tenía que obedecer, aunque

hacerlo fuese tan doloroso como someter a semejante vejamen a Vasco Núñez de Balboa y verlo luego ajusticiado y ahorcado por traición

Mientras Anayansi, la hija del cacique Careta, lloraba y gemía ante el poste ensangrentado del que pendía la cabeza de su esposo, Pizarro meditaba tristemente en la contradicción: un hombre de semejante lustre con un fin tan indigno de él. La gloria podía ser peligrosa, demasiado peligrosa en mano de los hombres.

# 2

# La ruta del sur

Durante siglos, España había vivido en el extremo de lo desconocido, la mente de sus hombres se había enriquecido de una febril imaginación, y ahora su orgullo enarbolaba las triunfantes batallas de la reconquista contra los moros. En abril de 1478, fecha más probable del nacimiento de Francisco Pizarro, habían pasado 25 años desde la caída de Constantinopla, lo que había hecho indispensable encontrar nuevas rutas de comercio con oriente. La posición geográfica de España, en el borde del Mediterráneo, en el límite del mundo, la ponían al mismo tiempo en una situación de riesgo y privilegio.

En toda la revolución comercial España había estado en desventaja. La Península gozaba de pocos recursos naturales, de algún modo sus minas eran su mayor patrimonio y sus hombres vivían en medio de guerras intermitentes. Su terreno montañoso y sus malos caminos dejaban a España al margen del tráfico económico de la época. La única forma de equilibrar la balanza comercial española a pesar de las dificultades en las vías de comunicación, era la adquisición de metales preciosos, cuyo valor de cambio era mucho mayor que su peso y su volumen para el transporte.

Aquel razonamiento subyace en la mentalidad de la época. La búsqueda de oro por el conquistador español no era el resultado de un afán de enriquecimiento inmediato y oportunista, sino la única forma de superar la propia adversidad que conocía el peninsular. Y esta situación se agravó cuando se descubrió que América era en realidad una barrera en el camino hacia las Indias. Así dadas las cosas, no había más salida que la búsqueda del precioso metal.

Pizarro, como hombre de su tiempo, compartía la valoración del oro, de la plata y de las piedras preciosas. Pero no fue ni por casualidad que Pizarro siguiera el camino de soldado, ni porque no tuviera otra opción. En su tiempo era considerado el mejor a seguir.

El triunfo a lo largo de generaciones contra los musulmanes dio lugar a una suerte de glorificación del guerrero; el soldado era un cruzado contra la fe de los paganos. Las recompensas eran más rápidas y halagüeñas para el guerrero que el lento camino económico de la agricultura y las artes manuales. La milicia era tomada como una vocación de privilegio, y la guerra la ocupación más honorable de la humanidad. Además, los invasores moros eran los que desarrollaban en mayor medida la labranza y los oficios, por lo que estas actividades fueron asociadas a su paganismo. Las actividades prácticas eran un sello de la servidumbre del infiel. Cuando Pizarro se hacía soldado, sus aspiraciones eran las más altas.

En Julio de 1519, Gaspar de Espinosa llevó a cabo una nueva expedición haciendo uso de los dos navíos que Balboa dejó listos antes de su muerte. Llevó 150 hombres, tres canoas y a Francisco Pizarro como lugarteniente. La expedición se internó en la mar del Sur y le correspondió a Pizarro el castigo del cacique de Natá y la pacificación de la zona. De esta campaña también fueron participes Diego de Almagro y un casi adolescente Hernando de Soto.

Diego de Almagro, al igual que Pizarro, era el bastardo de un hidalgo. Si bien tenía un cuerpo corto y grotesco, era más sociable y alegre que el trujillano. Los dos eran analfabetos y se procuraron una gran amistad recíproca. De edad similar, se conocieron en 1514 a través del gobernador Pedrarias, quien era el jefe de ambos. Pizarro, circunspecto y reflexivo, simpatizó con el carácter expansivo y las grandes cualidades de soldado de Almagro.

Los dos se convirtieron en ejemplo de buenos y leales amigos. La confianza entre ellos era tal que hicieron *compañía de indios y haciendas,* esto es, juntaron sus bienes en un solo patrimonio y se repartían por igual pérdidas y ganancias. Pizarro desarrollaría a lo largo de su vida niveles de amistad y confianza con jefes, pares y subordinados; pero solo con Diego de Almagro llegaría a un nivel fraterno.

Imagen del siglo
XVI de Diego de
Almagro, inserta en
la *Historia General
de los Hechos de los
Castellanos* de
Herrera.

El 15 de agosto de 1519, Pedrarias fundaba la
ciudad de Nuestra Señora de la Asunción de
Panamá. El gobernador no era popular. Su política
de excesos contra los indígenas hizo que los esclavos y el oro escasearan por igual. El traslado de la
capital a Panamá ocultaba su fracaso en la administración de La Antigua y buscaba mejores probabili-
dades para su soñada Corte de nobles, frente a la
mar del Sur.

Pedrarias reconoció el valor, la lealtad y los
múltiples servicios de Pizarro. A pesar de no haber
estado presente en la fundación de Panamá, Pedrarias le otorgó casa, hacienda y repartimiento de
indios. Esto hizo a Pizarro *vecino* de Panamá, esto
es, hombre principal con solar y casa de morada en
la ciudad. Podía además ser elegido para los cargos
del Ayuntamiento, gozaba de derechos superiores a

Grabado del siglo XVI correspondiente a Pizarro. Coincide plenamente con la imagen en bulto del Palacio de la Conquista en Trujillo de Extremadura.

los *habitantes,* que no podían tener rol alguno en la ciudad, y por ende sobre los *estantes,* que estaban solo de paso.

Pizarro fue regidor de Panamá, primer magistrado y alcalde por un año, según la costumbre. Incluso llegó a ser Visitador. Testimonios de la época lo describen como un hombre medido y espacioso, de aspecto bien intencionado pero de corta conversación, valiente, buena persona y de buen ánimo. Se le pinta físicamente como alto, grande, robusto y bien dispuesto.

En cuanto a su riqueza, Pizarro ya era considerado un hombre tan acomodado como honrado. Su fortuna en metálico era calculada en 20.000 castellanos de oro. El gobernador le había asignado la encomienda de Chochama, que era más que nada una fuente de prestigio, pues la zona aún no había sido del todo pacificada. Era, además, el lugarteniente del gobernador, su brazo derecho para todos los asuntos militares y capitán de su guardia personal.

En 1522, Pedrarias y Espinosa organizaron una nueva expedición hacia Natá. Pizarro fue al mando de una hueste de 160 hombres. Llevaron dos caballos y ciertos cañoncitos destinados a inspirar terror más que a matar. Los españoles fueron atacados múltiples veces, pero lograron ahuyentar a los nativos y fundaron la villa de Santiago de los Caballeros de Natá. En esta jornada y en la fundación definitiva de Natá estuvo también Almagro como compañero de armas de Pizarro.

En 1523 o 1524, el clérigo Hernando de Luque entró en sociedad con Pizarro y Almagro. Para entonces, los dos socios ya compartían tributarios, ganados, minas de oro y esclavos. Almagro administraba aquel importante patrimonio, lo que atrajo la atención de Luque, quien era maestrescuela de la Catedral de La Antigua y residía temporalmente en la ciudad de Panamá.

Los vecinos vieron con asombro al rico clérigo juntarse con los dos militares. Tanto que le pusieron a Luque el sobrenombre de *Hernando Loco*. Pero Luque, que no había hecho votos de pobreza, era hombre hábil para los negocios, intui-

La explotación de minerales fue tan temprana como la presencia española en América. Negros africanos, en condición de esclavitud, fueron asignados al trabajo en las minas junto a los naturales.

tivo para las finanzas, conciliador y con magníficas relaciones. El religioso aportó un repartimiento de indios en Taboga, al que sus dos socios sacaron el mejor beneficio económico, constituyendo así uno de los patrimonios más importantes de Panamá.

Francisco Pizarro, a sus cuarenta y seis años, había logrado reconocimiento y fortuna. El oscuro bastardo analfabeto tenía mucho más que lo que hubiera soñado en España. Pero Panamá no era Sevilla, ni el oro era la gloria.

La ciudad de Panamá era entonces húmeda y pestilente, las casas estaban hechas de madera y al estar mal ensambladas hacían perder toda intimidad. En los techos de paja anidaban escorpiones venenosos que caían en la época de las lluvias diluvianas. Persistían los mosquitos, las enfermedades, y las playas estaban infestadas de caimanes. Libros y ropas se pudrían sin remedio.

Por su parte, algunas expediciones habían fracasado en su viaje al sur: La frustrada de Balboa; la de Francisco Becerra en 1514, que al descubrir la Punta de Garachiné escuchó que jornadas adelante estarían un cacique o una provincia llamados Pirú; la de Pascual de Andagoya en 1523, que al descubrir el río de San Juan volvió diciendo que traía oro del Pirú; y Juan de Basurto, al que al pretender una expedición a la mar del Sur sorprendió la muerte en el puerto de Nombre de Dios.

Pizarro estaba al tanto de estas noticias. También sabía que en 1519 Hernán Cortés, extremeño también, había pasado por alto los mandatos del gobernador de Cuba y había conquistado un reino de palacios, templos y tesoros. Él y Balboa fueron los primeros en oír hablar del Pirú, de sus misterios y riquezas. Habían pasado más de diez años desde entonces. Si Cortés había encontrado un reino al norte de La Española, ¿por qué no podía existir otro en la mar del Sur?

## LA CONQUISTA DEL LEVANTE

Las referencias que se tenían del Perú o Pirú eran escasas, y su nombre no era otra cosa que la deformación léxica de aquella comarca del cacique Birú, con quien se habían tenido ciertos enfrentamientos. En realidad la pasión de la conquista estaba orientada hacia el norte, hacia Nicaragua, tierra que tenía fama de rica, fresca y hasta de tener abundantes jardines y frutos. Nicaragua era la ruta del poniente.

En ese sentido, la idea de Pizarro había cuajado lenta, como su cuerpo y su alma se habían curtido de experiencia. Ya era, conforme a los rigores de la época, un hombre casi viejo. Pero un conquistador nunca deja de serlo, a pesar de que el poder político lo premie con encomiendas para que ya se quede quieto y no busque en el cargo público los honores y los bienes que sus fuerzas ya no pueden proporcionarle. Pizarro es ya casi un viejo, un viejo fuerte, pero viejo al fin. Un viejo reunido con otros viejos, sonriendo de tanto en tanto ante las ocurrencias y mofas de Almagro.

Hernando de Luque rió de buena gana frente a su copa de vino. Almagro bromeó otra vez, ahora con el destino de Basurto, fallecido antes de levar ancla hacia el levante, y los tres no pudieron evitar recordar entonces a Balboa, que tanto había espe-

Pizarro, Almagro y Hernando de Luque establecieron
una compañía para la conquista del levante.

rado hacer esa ruta del sur y descubrir lo que en
ella hubiere.

Entonces Pizarro se mostró serio, los amigos
pensaron que tal vez la referencia a Balboa lo había
entristecido. Ambos lo miraron detenidos, él habló,
pero no del pasado, sino del porvenir. Pizarro les
manifestó su interés lanzarse a la aventura y hacer
la jornada del levante. Almagro, vivaz, al oírlo,
exclamó que sin aventurar, los hombres nunca
alcanzaban lo que querían. Luque calló y luego dio
su conformidad.

Los tres hombres hicieron un nuevo pacto.
Conforme a la usanza medieval, el acuerdo se
formalizó en la iglesia de Panamá. Pizarro y Almagro, ante fieles casuales y algunos curiosos, oyeron
la misa celebrada por Luque. En el acto de la Eucaristía, Luque partió la hostia en tres, dio la Comu-

nión con las dos a sus socios y él comió la tercera. La gente presente tomó por locos a los tres hombres por semejante negocio; arriesgaban sus bienes a cambio de peligros, ciénagas y pantanos, ya que nada más se había visto en esa ruta. Pero los tres juraron no deshacer la compañía por gastos o reveses y repartir igualmente las ganancias, riquezas y tierras que se descubrieran.

De los tres socios, a Pizarro se le concedió la dirección y el mando de la expedición; era el jefe natural y de hecho el capitán más respetado del Nuevo Mundo. Almagro era gran guerrero pero nunca había sido jefe, así que voluntariamente se subordinó y se encargó de conseguir los hombres, las armas y los alimentos. Luque administraría los fondos para la gesta.

Así organizados, fueron a conseguir la licencia del gobernador Pedrarias, es decir, había que *pedir la jornada* para Pizarro y la demanda de aquel descubrimiento. Pedrarias miró a los hombres: de Pizarro sabía que era el mejor, y no en balde era su brazo derecho en asuntos militares; de Almagro conocía que era un excelente soldado y especialista en jornadas de penetración tierra adentro, y a Luque no solo lo tenía como gran amigo, sabía de su sagacidad para sumar otras fortunas a la suya para una buena empresa. Los tres eran ricos, y empero las cicatrices y años, de haber algo valioso en el levante no había mejor compañía para hallarlo.

El gobernador otorgó la licencia, pero puso como condición que se le considerase como una cuarta parte en la sociedad para que, saldando los gastos en que se incurriese, todo el oro, la plata y otros despojos, se partiese en cuatro partes iguales.

Esta capitulación y asiento se dio en Panamá el 20 de mayo de 1524, y por cierto, los tres socios originales no quedaron muy contentos. Pedrarias se había hecho parte de la expedición sin arriesgar nada de su patrimonio. Algo habría llegado a oídos del gobernador, que finalmente se apresuró a aportar una ternera para el avituallamiento de la expedición. Finamente, Pedrarias invistió a Pizarro como su capitán lugarteniente para que, en nombre del Emperador, hiciera el descubrimiento de levante. Pizarro, por primera vez, estaba a la cabeza de una expedición ideada por él.

En cuanto a la financiación de la compañía, la participación de Hernando de Luque ha llevado a confusión. Es cierto que el clérigo era rico, pero también lo eran Pizarro y Almagro. Los tres tenían una sociedad que no solo explotaba los indios, ganados y maizales de Luque, sino que también desarrollaba minas y lavaderos de oro. En realidad, lo más probable es que la compañía del levante se hiciera con el patrimonio de Pizarro, Almagro y Luque por igual. En el caso de Luque, debió de representar, además, los aportes e intereses de uno de los hombres más ricos de Panamá, el siempre presente Gaspar de Espinosa.

Espinosa llegó a ser un hombre influyente en la Corte española. Años atrás, Balboa había sido ejecutado por sus intrigas con Enciso, aunque esto

Hernando de Luque se convertiría, en diversas ocasiones, en el mejor componedor de las diferencias entre Pizarro y Almagro.

no lo había librado de una fuerte reprimenda del Rey por su conducta con los naturales. Después de diez años en Panamá y con una fortuna importante en oro y perlas, volvió a España; ahí obtuvo el destacado cargo de Justicia Mayor de Madrid, para luego ser nombrado Oidor en la Audiencia de La Española. Cuando se crea la Audiencia de México y Santo Domingo pierde importancia; Espinosa había finalmente regresado a Panamá.

Pero además Espinosa conocía bien a Pizarro y Almagro. En 1519 y 1522, solo o junto con Pedrarias, organizó expediciones que tuvieron a Pizarro al frente y en las que también estuvo Almagro. Hacer buenas migas con uno de aquellos dos era hacerlas con el otro. Espinosa los tenía por soldados admirables. Muchos años después, el mismo Espinosa deslumbraría a Europa con sus relatos sobre la conquista y los tesoros del Inca.

Existen numerosos indicios de que Luque actuó, más que por cuenta propia, como testaferro de Espinosa. La presencia de Espinosa en aportes permanentes durante toda la etapa de la conquista así lo acredita, sobre todo para proporcionar los fondos necesarios en su última etapa. Si es que usó una fachada, pudo haber sido por su vinculación con Pedrarias, quien iba a ser sustituido como gobernador, caso en el que habría que enfrentar un juicio de residencia, o por el temor a que fueran tomados en cuenta sus cruentos y desdichados antecedentes.

En cuanto al aporte económico de Pizarro y Almagro para la compañía del levante, esto era, además, lo usual según la tradición del Medievo y la usanza en la reconquista española. El modelo de los genoveses había sido el de una compañía a través de la cual los inversores contrataban a sus asalariados; en cambio, la llamada *compaña militar* estaba integrada por un grupo de hombres que aportaban su propio menaje y armamento, recibiendo luego una participación en el botín en lugar de un salario. Pizarro, Almagro y Luque, debieron de realizar todos los gastos generales previos a la expedición, al menos en su primera etapa.

La expedición estaba compuesta por dos navíos. El mayor era de hechura bastante artesanal, era más un bergantín, pero ampulosamente fue denominado *Santiago* en honor al santo patrón de España y su ejército. Por su tamaño, los soldados le pusieron de mote *Santiaguillo*. El otro barco era aún más pequeño, y los 112 hombres se instalaron incómodos junto a dos esquifes con remos, cuatro caballos y un perro de guerra. Las armas eran espadas y rodelas, dagas, machetes y puñalones. No había ni arcabuces ni cañoncillos, ya que resultaban demasiado costosos.

El 14 de noviembre de 1524 la expedición zarpó de la ciudad de Panamá. Iba con dirección a la isla de Taboga, quince millas mar adentro, donde Luque era el principal encomendero. Luego se dirigieron a las islas de Las perlas, que Pizarro conocía bien, y se aprovisionaron de agua, leña y hierba para los caballos. Ahí, en la isla de Terarequí, se quedaron por tres semanas a la espera de buenos vientos para la partida definitiva.

Diego de Almagro se había quedado en Panamá encargado del reclutamiento de nuevos hombres, de las comunicaciones y de cubrir las necesidades que pudieran darse a lo largo del viaje.

Luque se quedó a cargo de la consecución de más fondos y del manejo de los asuntos políticos, asegurando la aprobación del Consejo de Indias y el apoyo permanente de Pedrarias.

Los vientos del norte soplan en esa zona de enero a marzo, y esa era la mejor época para zarpar hacia el sur. El 13 de diciembre, día de Santa Lucía de Siracusa, patrona de los ciegos, se hicieron a la mar en dirección sureste hacia la costa a la que había llegado Pascual de Andagoya. Hasta las tierras en que encontrarían, supuestamente, el mítico Pirú.

## Viaje a las tierras de Peruquete

Los hombres que se hicieron a la mar con Francisco Pizarro, la hueste que se embarcó en este primer viaje, compartía mucho más que una aspiración común; eran portadores de todo el imaginario de la España del siglo XVI.

La era de los descubrimientos, en particular del Nuevo Mundo, había coincidido con la invención de la imprenta y la popularización del texto escrito. Antes de ello, el acceso a la lectura había estado restringido a nobles, políticos y religiosos, en tanto las copias hechas a mano eran costosas y terminaban siendo prerrogativa de una elite. Pero la imprenta no solo permitió reproducir un escrito, también lo sacralizó.

Cuando los lectores del siglo XVI tuvieron en sus manos un libro impreso, le otorgaron absoluta credibilidad y realidad a lo que en él estaba escrito. Si no fuera verdad, ¿cómo podía estar impreso entonces? Y los denominados libros de caballerías, ¿no reproducían y certificaban, acaso, aquellas historias que ya conocían de oídas? ¿No recogía el *Amadís de Gaula* las proezas y las islas pobladas de seres misteriosos de las que habían hablado sus mayores?

Bajo esta impronta, la literatura caballeresca llevó su universo de héroes, heroínas y actos de valor a toda Europa. La Reina Isabel la Católica tenía entre sus libros de uso común una copia de *Historia de Lanzarote;* y Carlos I tenía tal interés por el *Belianís de Grecia* que indujo a su autor a escribir la continuación.

Este fervor de los soberanos y príncipes fomentó la literatura caballeresca entre sus súbditos, y los libros se tradujeron a otras lenguas de Europa. Los libros de caballerías se hicieron accesibles a todas las clases letradas, y era común que se leyesen en voz alta para los analfabetos.

Este universo de valores desarrollado por la ficción literaria y que tuvo su auge y mayor desarrollo en España, determinó en gran medida el valor y la osadía de los hombres que se sumaron a cada expedición. A pesar de todas las referencias previas y en contra de la compañía del levante, Pizarro había reunido a los hombres necesarios para su gesta a la búsqueda del reyezuelo que sería el sucesor del cacique del Birú.

En su momento, Pascual de Andagoya en verdad retuvo al cacique del Birú, y ahora los españoles imaginaban al supuesto sucesor como un hombre rico, poderoso, y hasta le habían puesto el nombre de Peruquete o Biruquete. Pero la realidad terminó siendo otra. Tras 200 millas de travesía, desembarcaron en un lugar al que bautizaron como *Puerto de Piñas* por la cantidad de coníferas que había y que daban como fruto unos incomibles piñones. Pizarro ordenó adentrarse en la comarca en la búsqueda de alimento y de las tierras del supuesto Peruquete, pero no hallaron nada. Solo montañas escarpadas que hacían más penoso el internamiento en la selva, un río, terrenos fangosos en los que costaba trabajo andar y lluvias, lluvias que empapaban los cuerpos, ropas y armas. Ni el infierno podía ser peor. Un hombre llamado Morales murió de agotamiento.

Al final llegaron a un poblado abandonado, del que obtuvieron algo de maíz, tubérculos, paja y madera. Era muy poco, casi nada. Volvieron al barco, exhaustos y cubiertos de lodo. Sus alpargatas y borceguíes estaban destrozados, con los pies ensangrentados.

Avanzando, arribaron a otra playa que denominaron *Puerto deseado*. No encontraron comida, solo coníferas y desesperanza. Entonces los hombres le pidieron a Pizarro volver a Panamá. Pero Pizarro no solo negó el regreso, sino que arengó a sus soldados y marineros a proseguir por su prosperidad y ventura. Les habló de la deshonra de un regreso lastimero.

Cuando un hombre parco habla, persuade; y cuando arenga, entusiasma. En conclusión, los hombres aceptaron las buenas y justas razones de Pizarro. Era la víspera de Navidad, y entonces Pizarro reunió a los hombres en la cubierta de popa. Hizo traer las escasas reservas y las repartió a todos por igual. De ese modo, les mostró a sus hombres que, ante el hambre, nadie tenía privilegios. Esto causó una poderosa impresión entre todos, tanto que le pusieron de sobrenombre de *El buen capitán*.

Pero las angustias continuaron día tras día. Cada hombre recibía un par de mazorcas por jornada, y el agua escaseaba. La única solución era que el *Santiago* volviese a las islas de Las perlas, se aprovisionase y volviera enseguida.

El viaje debía suponer entre 25 y 30 días. La misión le fue encomendada a Hernando de Montenegro. Pizarro se quedó en un puerto natural con casi la totalidad de los hombres. Estos ya no se miraban unos a otros, solo esperaban que les llegara la muerte debajo de aquella lluvia torrencial.

Habían pasado quince años desde aquel primer encargo de Alonso de Ojeda en el fortín de San Sebastián. La situación era similar, él a cargo de un grupo de hombres que debían tolerar los padecimientos de la espera. Así, dirigió él mismo la construcción de las chozas de refugio y la atención de los enfermos. Los más débiles recibieron mayores raciones de agua y de los frutos y moluscos que se pudieron conseguir. Para la posteridad, bautizaron el lugar como *Puerto hambre*.

Cuando por fin, a los 45 días regresó Montenegro, traía puercos en pie, abundante maíz, pan y frutas. En ese momento ya habían fallecido 27 hombres en aquel lugar, que sumados a las pérdidas previas reducían la expedición a 56 efectivos. Exactamente la mitad de los que habían partido.

Pizarro estaba entonces en una playa en la que habían hallado cocoteros. Ahí llegó un soldado buscando a Pizarro, con la noticia del regreso de Montenegro, tres roscas de pan y cuatro naranjas.

Pizarro las recibió, pero no quiso hacer diferencias, repartió el pan y la fruta con sus famélicos acompañantes, para todos y para él, en partes iguales.

Al encontrarse Pizarro con Montenegro lo abrazó, también abrazó a cada uno de los hombres vueltos de la mar. Todos lo festejaron y celebraron con un opíparo banquete.

Recuperadas en algo las fuerzas, Pizarro ordenó zarpar y reanudar la expedición, siempre rumbo al sur. El día dos de febrero tocaron nuevamente tierra en un puerto al que denominaron *De la Candelaria,* pero ahí la tierra era aún peor que la que habían dejado atrás. Manglares, montañas escarpadas, una selva espesa cubierta de niebla. Lluvias incansables con truenos y relámpagos. Los españoles se internaron; enjambres de mosquitos devoraron sus cuerpos, hasta que al fin hallaron una aldea abandonada. Esta vez había carne de puerco silvestre, maíz, raíces comestibles y algunas piezas de oro fino que alegraron a los hombres. De pronto, en el fondo de las ollas todavía humeantes de las que sacaban ávidamente la carne, aparecieron trozos de manos y de pies humanos.

Los hombres devolvieron lo comido asqueados y horrorizados. El peligro era mayor; si los indios eran caribes, seguro que usaban arcos y flechas con ponzoña. Pizarro trató de tranquilizarlos, les dijo que en esa zona la hierba que se usaba en el veneno no era muy fuerte. La gente no se conformó, la noche transcurrió tensa y con muchos centinelas a cargo. A la mañana siguiente, Pizarro ordenó embarcar de nuevo los caballos y zarpar de inmediato.

Siguieron recalando en diversos puertos naturales, siempre con escasos resultados. Y los mosquitos, las nubes de mosquitos que les picaban sin piedad dejando sus rostros con aspecto de leprosos.

De repente apareció la esperanza, cuando el *Santiago* hacía agua por todas partes y parecía que la mar no le podría sostener, hallaron a un tramo de la playa un fortín indígena con empalizada encumbrado en una cima. Entraron en él, estaba abandonado y hallaron abundante maíz, palmas agradables y raíces gustosas. Decidieron entonces en consejo quedarse ahí y enviar al *Santiago* a carenarse y calafatearse en Panamá. También era necesario traer refuerzos. En principio denominaron al lugar *Puerto de la espera*.

Para la partida hacía falta mano de obra indígena. Los marinos estaban demasiado débiles para accionar la bomba del navío, la mejor opción era capturar algunos naturales, encadenarlos al barco y darles la tarea.

Pizarro mandó a Juan Gil de Montenegro con 30 hombres para cubrir el requerimiento. Habían avanzado apenas un trecho, cuando una lluvia de flechas los alcanzó. Los indios tenían los rostros fieros, pintados de rojo y amarillo. Tres españoles cayeron muertos. Gil de Montenegro emprendió la retirada defensivamente, pero los indios atacaban también a los soldados del fortín. Eran varios cientos que subían a la cima empedrada que daba a la empalizada. Chillaban como animales salvajes. Pizarro salió a la palestra con su espada y su rodela, los pocos soldados que estaban en el fortín invocaron a Santiago bajando la cuesta con él. Los indios eran demasiados, varios españoles fueron acribillados y traspasados por flechas y lanzas.

Retrocedieron y, sin pensarlo, dejaron solo a Pizarro; los indios cayeron sobre él. Pizarro tropezó y rodó, quedó como aturdido, pero se enderezó con presteza y mató a dos naturales. Fue inútil, con un enorme griterío los indígenas lo cercaron, recibió una herida tras otra, su cuerpo sangraba cuando de un golpe en la cabeza cayó a tierra. Los nativos gritaron victoriosos dándolo por muerto.

Anochecía cuando los españoles recogieron el cuerpo de su buen capitán. También lo creían muerto y quisieron darle cristiana sepultura. Nada más entrar en el fortín descubrieron asombrados que seguía con vida. Recibió las primeras curas y recuperó el conocimiento. Preguntó por lo acontecido. Se le informó de que los muertos eran cinco y había 20 heridos, incluyéndolo a él y a Nicolás de Ribera, que era el tesorero de la expedición. Pizarro estaba acongojado por sus hombres y rabioso por su empresa. Veía el fracaso en ciernes.

Aceptó la vuelta a Panamá, pero pidió que se le dejara en su encomienda de Chochama. Si gentes que lo habían visto con otro talante en Panamá, lo veían en semejante estado, el regreso al levante sería para nunca jamás.

## Una balsa venida de Tumbes

Almagro llegó presuroso a la estancia. Reclinado y apaciguando sus heridas, Pizarro lo esperaba.

Cuando la figura corta y maciza de Almagro apareció en el vano de la entrada, Pizarro se incorporó como pudo y se puso de pie para el abrazo de rigor. Era gratificante ver a su gran amigo y socio.

Se estrecharon, y en el rostro poco favorecido de Almagro apareció la marca. Un parche a la altura del ojo derecho.

La historia que contó Almagro hermanaba aún más a los dos socios. Había partido con un nuevo navío recién fletado, el *San Cristóbal,* llevando 70 soldados a la búsqueda y ayuda de su amigo. Rápidamente fue reconociendo sus huellas, ramas cortadas a machete, restos de alpargatas viejas, hasta que recalando de lugar en lugar había llegado al fortín del Puerto de la Espera, ahí donde Pizarro había quedado al filo de la muerte. Al avanzar hacia la cumbre escarpada, fueron atacados con dardos y flechas por los mismos nativos. Almagro ordenó repelerlos y tomar el lugar, pero cuando casi lo había logrado, una flecha enemiga le reventó el globo ocular.

Almagro estaba en el suelo, a punto de ser sacrificado, pero un esclavo negro lo salvó y lo llevó a rastras a un lugar seguro. Los indígenas le habían destrozado también tres dedos de la mano izquierda.

A pesar de sus heridas, y haciendo alarde de coraje, Almagro siguió la travesía hacia el sur. Así llegó hasta los ríos de San Nicolás, de Los Egipcianos, de Cartagena y al río de San Juan. Este último había sido descubierto por Pascual de Andagoya en 1523 y era el más caudaloso de todos. Como no encontró evidencia de la presencia de Pizarro en aquellos lugares, ordenó el regreso.

En el archipiélago de Las perlas, Almagro se había enterado de la presencia de Pizarro en la playa de Chochama. Ahí, ahora los dos se ratificaban en la prosecución de la empresa, de volver hacia el sur. Pizarro convenció a Almagro de regresar solo a Panamá, reparar el *Santiago* y el *San Cristóbal,* reclutar nuevos soldados y sumarlos a los supervivientes para conformar la tropa de un nuevo intento.

En Panamá, Almagro y Luque se entrevistaron con Pedrarias. El gobernador oyó secamente lo que le contaba Almagro y al final concluyó que la empresa del levante había costado demasiadas vidas y no estaba dispuesto a que más hombres saliesen de Panamá. Almagro y Luque protestaron e incluso presentaron alegatos escritos. Pedrarias cedió, pero puso como condición nombrarle a Pizarro un capitán adjunto. Este hecho marcaría el derrotero de la historia.

Se ha especulado que Pedrarias pudo haber querido vengarse de alguna secreta rencilla con Pizarro, que deseaba restarle poder de mando o que el propio Almagro hubiese solicitado la capitanía adjunta. El cronista Cieza de León dice que Almagro pudo haberse sacrificado para que no se nombrara a un tercero extraño, lo cual disminuiría el monto del botín de cada socio. Sin embargo, también es posible que Pedrarias actuara de buena fe; sabiendo de la delicada salud de Pizarro, pudo pensar que su edad le restaba posibilidades a la expedición.

En cualquier caso, la decisión fue equivocada. Era contrario a los usos de la época que un funcionario tomase tal injerencia en un proyecto privado; era el jefe de la expedición, en este caso Pizarro, el único que designaba un lugarteniente o un adjunto.

A finales de 1525, Almagro volvió a Chochama tras haber aceptado el cargo de capitán adjunto. Luque había transigido ante Pedrarias con la idea de que los buenos amigos sabrían entender un cargo que no sería más que de fachada. Y todo pareció ir de ese modo, Pizarro y Almagro se vieron y se abrazaron efusivos, como siempre. Sin embargo, a Pizarro le quedó un regusto amargo en el alma.

Almagro llegó a reclutar 110 hombres, que sumados a los 50 que le quedaban a Pizarro sumaron 160. Los dos navíos eran los mismos, el *Santiago* y el *San Cristóbal,* en los que se habían embarcado caballos, abundante comida y algunos arcabuces.

El primer punto de atraque de la expedición fue el Puerto de la Espera. Pizarro y Almagro querían vengar sus heridas y deshacerse de un peligroso enemigo futuro. Los españoles atacaron sin piedad, no dejaron un indio vivo y al partir incendiaron el fortín. Desde entonces se denominó al sitio *Pueblo quemado.*

Los españoles avanzaron hacia el sur, siempre haciendo entradas a tierra para reaprovisionarse y en enfrentamiento continuo con los naturales. Así cruzaron la desembocadura de los ríos San Nicolás y de Los Egipcianos, este último conocido así porque había abundancia de lagartos como en Egipto, a los que los indígenas llamaban caimanes. Eran monstruos que llegaban a veinticinco pies de largo y que atacaban a personas o animales que se movieran en la superficie, arrastrándolos entre sus fauces debajo del agua.

La expedición de Pizarro y Almagro alcanzó el río de Cartagena y el río de San Juan. Fue útil el conocimiento que había hecho Almagro de toda esa zona, cuando herido había avanzado en busca de Pizarro. Las tierras del río de San Juan resultaron impactantes, las corrientes de agua y los ríos pequeños tenían como fondo lejano un conjunto de montañas imponentes y espantosas, que los hombres miraron con asombro. Era la primera impresión de los europeos ante la cordillera de los Andes.

Decidieron remontar el río en canoas y lograron sorprender a los indígenas de un pueblo. Los redujeron, se aprovisionaron, hicieron prisioneros y consiguieron oro por valor de 15.000 castellanos. Alegres y satisfechos, regresaron a las naves.

Pero en los días siguientes la situación cambió. Solo encontraron aldeas vacías, abandonadas por sus ocupantes y sin rastro de comida. Cuando los naturales aparecían solo era en son de guerra. Para descansar y recomponer sus fuerzas, Pizarro llevó a los hombres a la isla de la Magdalena, que estaba al sur de la desembocadura del río de San Juan. Era una islilla deshabitada y un buen refugio temporal. Ahí falleció un hombre conocido como maese Hernández, que dejó poder para testar a Diego de Almagro y al capellán de la expedición. Entonces, ante el escribano que formalizó el acto, Almagro se autodenominó capitán en el documento. Era finales de mayo de 1526 y Almagro quiso dejar en un documento, en un papel privado, una huella de orgullo por su cargo. Para Almagro fue un asunto de vanidad trivial; para Pizarro, se tocaba otra vez el tema sensible de su autoridad.

Desde la isla de la Magdalena se hicieron incursiones a la costa, especialmente a la denominada provincia de las Barbacoas. Ahí los naturales vivían en una suerte de nidos instalados en los árboles, en los que los españoles hallaban abundante maíz siempre que lograban desalojar a sus ocupantes. Los hombres de Pizarro atacaban con ballestas o luchando cuerpo a cuerpo en las ramadas. Los indígenas defendían sus chozas con piedras y lanzas largas. El español que no buscaba comida, no comía.

El mismo Almagro participaba en las incursiones arbóreas dirigiéndolas desde abajo. En la captura de las barbacoas destacaron Cristóbal de Peralta, Nicolás de Ribera y Pedro de Candia. Tanto el piloto Bartolomé Ruiz de la Estrada, como el artillero griego Pedro de Candia, habían sido las dos grandes incorporaciones logradas por Almagro para esta expedición.

Pero luego volvieron al estuario del río de San Juan, se agotaron las reservas y otra vez apareció el hambre. Los hombres comían lo que encontraban, palmitos amargos, algunos peces y mariscos de aspecto grotesco.

Ante esta situación de estancamiento, Pizarro envió a Almagro a Panamá para que consiguiera más hombres, provisiones y medios, y él se quedó en el delta del San Juan con el grueso de la tropa. Fue entonces cuando ordenó que el piloto Bartolomé Ruiz partiera con el *San Cris*tóbal hacia la zona austral, hacia lo desconocido, allá donde ningún europeo había llegado nunca.

Pizarro y su hueste esperaron setenta días sin recibir noticias. Ahí, en medio del hambre y de los pantanales, Pizarro se volvió otra vez más flexible y animoso, siempre cuidando a sus hombres y sin claudicar, sin una queja y por lo mismo, sin admitir quejas. La dieta de los españoles empeoró; se

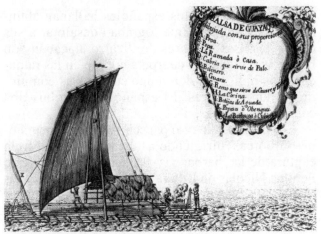

La balsa venida de Tumbes fue el primer contacto de los conquistadores con la civilización incaica.

vieron forzados a comer monos, culebras, pájaros de mal sabor y huevos de caimanes, cuando los hallaban en las costas. El campamento era una simple ranchería que los cubría de la lluvia, pero del mismo modo las ropas se mojaban y pudrían. Los hombres enfermaron y varios murieron. Otros, en su afán de extraer huevos de la arena, fueron atacados y destrozados por los lagartos.

En febrero de 1527 apareció en el horizonte el velamen del *San Cristóbal*. Eufóricos, Bartolomé Ruiz y los recién llegados refirieron haber cruzado la línea equinoccial por la mar del Sur y haberse topado con una gran balsa que, por el tamaño de su vela latina, pensaron primero que era una carabela. Atónitos, vieron que estaba tripulada por indios muy bien dispuestos y vestidos, que llevaban todo un cargamento de adornos de oro, plata, perlas y esmeraldas; mantas y ropas tejidos con lana muy fina, una especie de balanza y unas conchas rojas que los naturales tenían en mucho valor. Los hombres y mujeres habían referido ser mercaderes de un lugar denominado Tumbes.

Bartolomé Ruiz entregó aquellas valiosas piezas a Pizarro. Junto con ellas, presentó a tres de aquellos indios, a los más jóvenes, que habían retenido para que aprendieran el castellano. Iban vestidos con unas camisas largas que llamaban *uncus,* tenían aspecto de berberiscos, y a quien los podía entender le decían muchas mentiras sin parar, de un señor Huaina Capac y un lugar, Cusco, donde había mucho oro y plata.

## La isla con silueta de gallo

El retorno de Almagro de Panamá sumó aún más bríos a la expedición. Se había reunido con el nuevo gobernador de tierra firme, el hidalgo cordobés Pedro de los Ríos, y este, que ya era amigo de Hernando de Luque, era favorable a la expedición hacia el levante. Con su Licencia hizo aderezar el navío, reclutó alrededor de cincuenta hombres, adquirió seis caballos y se proveyó de medicinas, carnes y ropas para los hombres que se habían quedado en la desembocadura del San Juan.

Pizarro y Almagro parlamentaron. Todo les indicaba que estaban en la periferia de una civilización y de sociedades organizadas y con riquezas acumuladas Un mundo muy distinto a las playas y selvas pobladas de nativos bárbaros contra los que habían batallado con escasos resultados. El famoso y mítico Perú comenzaba a parecer real.

El viaje se reanudó con las dos embarcaciones y con los hombres un tanto más optimistas. Llegaron a la isla del Gallo, al sur de la actual Colombia, navegaron la desembocadura del río Santiago y el noroeste de lo que hoy es Ecuador. En la bahía de San Mateo, habiendo ya desembarcado, vieron pasar al lado de sus naves dieciocho balsas como aquella con la que se había topado Bartolomé Ruiz. En vano, les gritaron a los naturales para que se acercaran; aquellos los miraron y se fueron.

En tierra, los españoles pasaron la noche en condiciones tan crudas que tuvieron que enterrarse en la arena para evitar los mosquitos. Muchos hombres ya habían muerto por las emboscadas de los indios, por las enfermedades y hasta ahogados cuando zozobró una canoa. Era definitivo, los supervivientes, en su gran mayoría, preferían regresar a Panamá y retornar con refuerzos que fueran realmente suficientes.

Sin embargo, continuaron. A finales de abril o inicios de mayo de 1527, llegaron a Atacámez.

Atacámez era una aldea grande que lucía un nivel mayor de organización. Tenía calles, plazas y más de un millar de viviendas. Ahí la guerra entre españoles y lugareños fue feroz. Noventa españoles atacaron con espadas y rodelas a más de dos mil indios. El griego Pedro de Candia causó terror con su arcabuz y la pequeña artillería. Pizarro comprobó el valor de los caballos en la refriega; los nativos creyeron que se trataba de seres monstruosos mitad hombre y mitad fieras, y huyeron despavoridos. Tras dos batallas sangrientas, los nativos hicieron la paz.

Entonces los españoles recibieron las atenciones de los indios. Gozaron de abundante maíz; lo comían tostado, preparado en pan, macerado, y hasta de su tallo hicieron miel. Los indígenas vestían con ropa de lana y usaban joyas de oro, lo cual podía resultar prometedor. Sin embargo, la decisión de la hueste ya estaba tomada, veían muy escaso el oro obtenido y sentían que Pizarro y Almagro los tenían prácticamente cautivos. La expectativa de los hombres solo era volver a Panamá.

Almagro inquieto, habitualmente efusivo pero esta vez temperamental, les habló a los hombres. Discutió. Les dijo que si volvían a Panamá serían como mendigos, que tendrían que pedir limosna si antes no terminaban en la cárcel por deudas. El tono fue subiendo, llegó a ser insultante y a los soldados no les gustó. Pizarro debió callar y reprender en privado a su socio, pero tenía una herida abierta desde hacía mucho, y era la ocasión para reafirmar su autoridad. Molesto, le habló alto a Almagro, reprochándole le dijo que si hablaba de ese modo, era porque andaba en los navíos sin falta de nada, ni haber pasado por los excesivos trabajos que ellos habían soportado.

La riña no tenía sentido. En realidad Pizarro estaba del lado de Almagro y para nada pensaba volver a Panamá, pero el conflicto estaba realmente en el alma de los dos. Almagro no toleró la réplica de su amigo delante de la tropa, le dijo que se quedaría de buena gana con la gente y que Pizarro se fuese a Panamá por socorro. Se dijeron palabras mayores, y ambos echaron mano a las espadas con la intención de luchar. Era casi irreal ver aquellos hombres que eran como hermanos con la mano en el arma y con la rabia en la mirada. Nicolás de Ribera, Bartolomé Ruiz y otros más se interpusieron, apaciguándolos. Al fin, los dos jefes se reconciliaron ante sus hombres; si ellos disputaban delante de todos, terminarían perdiendo autoridad.

Pizarro llevó a la expedición un poco hacia el norte para darles un respiro a sus hombres. Quedaban apenas ochenta de un total de doscientos que habían integrado la hueste. Pasaron entonces a la isla del Gallo, donde permanecieron tres meses, de mayo a agosto de 1527. Le dieron ese nombre por la forma de silueta de gallo encrespado de su montaña principal.

Almagro, como estaba inicialmente previsto, volvió a Panamá a traer víveres, municiones y refuerzos. Pizarro encargó a Almagro que llevara un informe escrito para el gobernador, en el que Pizarro visualizaba la sociedad a la que pertenecía la balsa interceptada por Bartolomé Ruiz y las promesas que concebía. Sin embargo, esa carta no iba sola. De manera clandestina, algunos hombres enviaron misivas a sus allegados en Panamá en las que relataban sus penurias y quejas, su agotamiento. Almagro las descubrió y las echó al mar. Pero también iba, de regalo, un gran ovillo de fino algodón para doña Catalina de Saavedra, esposa del gobernador. Dentro de él, iba disimulado un pequeño papel con un mensaje para su esposo, en el que se tildaba a Almagro de recogedor y a Pizarro de carnicero. Un tal soldado Lobato, a pesar de su amistad con Almagro, representaba a los descontentos ante el gobernador Pedro de los Ríos.

En agosto, Pizarro decidió enviar el otro navío a Panamá, que zarpó el 10 de agosto y llegó el 29 del mismo mes con varias cartas que sí llegaron, incluso una del clérigo de la expedición dirigida al mismo gobernador, en que relataba, en medio de lisonjas a su persona, que de los ochenta hombres de la isla del Gallo, veinte no podían ni tenerse en pie.

En la isla, Pizarro había emprendido la nueva idea de transformar la canoa con la que se habían quedado en una suerte de bergantín. ¿De dónde sacaba fuerza y voluntad ese hombre viejo? Los más enfermos, enjutos y amarillos, lo veían pasar como entre sueños, llevando maderos a cuestas y ayudando en todo oficio como el más diligente. El bergantín hizo un viaje desde la isla a tierra firme y volvió cargado de maíz. Para todos, muy al margen de su deseo de volver, Pizarro tenía una imagen sobrehumana.

El primero de los barcos enviados a Panamá retornó con los tan esperados alimentos. Pero días después, a mediados de agosto, llegaron dos barcos al mando del capitán Juan Tafur, enviado especialmente por el gobernador.

La escena con la tropa fue en la playa. Los soldados, desharrapados y famélicos, lloraban de alegría ante los vistosos trajes de los delegados del gobernador. Decían que salían de un cautiverio peor que el de Egipto. Pizarro se afectó al ver el espectáculo y sintió una congoja muy grande.

Tafur tenía la orden de regresar con quien quisiera ir con él. ¿Por qué se inmiscuía el gobernador en asuntos que solo a él le concernían como jefe de la expedición? ¿Estaba Almagro detrás de esto?

Pizarro se recompuso, huesudo y enjuto, tenía el aspecto de un Cristo bizantino. Les habló a los hombres. Les dijo que estaban en libertad de regresar, pero que él prefería la muerte antes que volver pobre a Panamá, y que si bien habían pasado hambre y habían trabajado duro bajo sus órdenes, debían reconocer que él no se había eximido de lo mismo. Les instó a que, considerando ambas cosas, lo siguiesen para descubrir por camino de mar lo que hubiese. Acto seguido, habría trazado con su espada una línea en la arena para que los hombres eligieran: el Perú o Panamá, la riqueza o la pobreza.

Los soldados no hicieron mucho caso, algunos eran cargados al barco de Tafur y no tenían mucho que pensar. Pero de todos, hubo trece que aceptaron seguir con Pizarro. El buen capitán se alegró dando gracias a Dios. Los trece de la fama fueron Nicolás de Ribera, Cristóbal de Peralta, Pedro de Candia, Juan de la Torre, Alonso de Molina, Antón de Carrión, Domingo de Soraluce, Francisco de Cuéllar, Pedro de Halcón, García de Jarén, Alonso Briceño, Gonzalo Martín de Trujillo y Martín de Paz.

Bartolomé Ruiz también aceptó quedarse con Pizarro, pero este le encargó viajar a Panamá con Tafur y conseguir un navío para la pequeña hueste. Pizarro le había solicitado a Tafur uno de los barcos, y el delegado se lo había negado.

Tafur no creía que ese grupo fuera a quedarse, y aun así no le veía posibilidades de sobrevivir a los indios y a las inclemencias. Pero Pizarro insistió en que lo dejaran con los trece y con los indios cautivos en la isla de la Gorgona; aquel era el único lugar en el que podrían sobrevivir en la espera de la llegada de refuerzos, en tanto ahí no llegaban los indígenas, había mucha agua dulce y piezas de caza al alcance de las ballestas.

Desde el mar, la isla de la Gorgona parecía una montaña verde envuelta por la niebla.

## LA TIERRA PROMETIDA

Los hombres de Tafur arrojaron a la playa el cargamento de maíz que llevaban en las bodegas. Pizarro y sus trece hombres trataron de salvarlo, pero al mojarse, la mayor parte se echo a perder. Con todo, la isla les ofrecía oportunidades, la fauna era variada en animales de caza: pavos, faisanes, guadaquinajes, que eran como liebres, y variedad de monos. También había peces aguja, pargos y tiburones, que los españoles lograron matar a palos. Nunca les faltó comida y todas las mañanas daban gracias a Dios, y cada noche rezaban la Salve y otras plegarias.

Alguno de los hombres tenía un libro de horas canónicas, porque sabían identificar las fiestas de guardar, los domingos y los viernes de ayuno.

Pizarro y sus hombres estuvieron dos meses en esta situación, hasta que les llegó el hartazgo. Pensaron en hacer dos balsas para intentar el regreso a Panamá, hasta que por fin vieron un navío en el que venía de vuelta el piloto Bartolomé Ruiz. De tanta alegría, los hombres no podían ni hablar.

Pizarro se reunió con el recién llegado y tuvo noticias frescas. Almagro había negociado la salida del ex gobernador Pedrarias de la compañía del levante, gesta para la que al fin y al cabo solo había puesto una ternera. Pedrarias recibiría 1000 pesos que se le prometieron por escritura y otros 1000 que se le perdonaban por concepto de deudas. De otro lado, Bartolomé Ruiz refirió que Almagro y Luque se habían enterado de lo acontecido en la isla del Gallo, y que invocaron el apoyo del gobernador para concluir la empresa del levante. Pero Pedro de los Ríos había otorgado solo seis meses adicionales, y nada más recibir esta licencia, los socios habían logrado conseguir el navío que llegaba para recogerlos.

Pizarro pensó detenidamente. Tenía seis meses, de los que habían transcurrido ya dos. Si volvía a Panamá el tiempo le sería insuficiente, la empresa habría fracasado. Lo mejor sería salir con dirección al sur con el buque recién llegado. Era una idea del todo arriesgada, significaba seguir con una sola nave y un grupo mínimo de hombres. Ante el más pequeño percance estarían perdidos. Un solo error podría costarles la vida.

La nave dejó la Gorgona en noviembre de 1527, llevando a los indios tumbesinos para tenerlos como intérpretes. Uno de ellos había recibido el nombre de Felipe de Tumbes y era apodado por todos *Felipillo.* Cristóbal de Peralta, Martín de Paz y Gonzalo Martín de Trujillo, que estaban enfermos y debilitados, se quedaron en la isla.

Al cabo de veinte días de navegación llegaron a una isla a la que llamaron Santa Clara. Estaba desierta, y los intérpretes tumbesinos se alegraron mucho. Era un lugar conocido por ellos y visitado por sus paisanos para hacerle ritos y sacrificios a un ídolo de piedra al que consideraban una *Huaca,* era un lugar sagrado.

Pizarro y sus hombres encontraron muchas pequeñas piezas de oro y plata, con forma de cabezas humanas, manos de hombre y pechos de mujer; encontraron también un cántaro grande de plata como para una arroba de agua y mantas de un tejido prolijo y muy fino. Pizarro se lamentó por los hombres que habían desertado con Tafur; con ellos hubiera conquistado esa región. Pero los intérpretes tumbesinos le dijeron que aquello no era nada comparado con lo que había en otros pueblos grandes de su tierra.

El viaje continuó, cada vez con mayores expectativas. Un día se toparon con cinco balsas grandes que llevaban quince o veinte guerreros cada una. Los nativos dijeron, mediando lenguaraces, que eran de Tumbes y habían salido a dar guerra a las gentes de la isla de la Puná, sus enemigos ancestrales. Pizarro vio en ellos una actitud confiable, así que les solicitó que los condujeran a la tierra de Tumbes. Los indios se mostraron amables y halagados, se veían admirados por el navío, los instrumentos y por los hombres blancos y barbudos.

Bartolomé Ruiz llevó el barco hasta fondearlo junto a un río al que fueron conducidos. Desde la borda podía avistarse la ciudad. Los indios lugareños le enviaron a los españoles doce balsas llenas de comida y fruta, pescado, carne de oveja de su tierra, licor de maíz y agua. No parecía haber en tal recibimiento algún tipo de engaño.

Al frente de la delegación que ofrecía el regalo estaba un *orejón,* un indio noble que venía en nombre del curaca de Tumbes. A los orejones se les deformaba el pabellón de la oreja con pesados aretes de oro como símbolo de sus prerrogativas sociales y políticas en el *Tahuantinsuyu*. Pizarro lo recibió con mucha cortesía, al igual que todos los españoles de a bordo.

El orejón se mostró curioso y solícito, observaba y les hacía muchas preguntas sobre su lugar de origen, aquello que buscaban, la razón por la que vagaban por el mar. Entonces Pizarro le habló de España, de su emperador y de la religión católica fundada por Cristo y su representante en la Tierra, el Papa. También le explicó los rudimentos de la fe cristiana, del infierno y el paraíso.

El orejón escuchó con mucho interés, dijo que para enviar una relación cierta a su señor Huaina Capac que estaba en Quito. Luego bebió del vino de los españoles, recibió muy halagado un hacha de hierro y unas cuentas de perlas y calcedonias a manera de regalo. Para el curaca, Pizarro envío una puerca, un berraco, un gallo y cuatro gallinas, encargándole a Alonso de Molina que llevara los presentes con la ayuda de un esclavo negro.

Alonso de Molina y el esclavo llegaron a la ciudad. Las construcciones eran de material noble y el curaca se mostró encantado con los regalos, especialmente con el canto del gallo. Los naturales se arremolinaron alrededor del negro, lo miraban, se reían y querían saber si su color era o no natural. Niñas, mujeres y viejos miraban a Alonso de Molina con curiosidad y alegría; por su parte, este pudo apreciar los edificios, los canales de agua y los *andenes,* que eran grandes sementeras de cultivo. Los rumiantes recordaban a los camellos, pero no tenían giba.

En un momento, se le acercó a Molina un grupo de indias muy bellas que le ofrecían frutas para que las llevase al barco. Entonces una de ellas, la más agraciada, le ofreció una mujer, la que él escogiera para que se quedara en aquellas tierras. Molina agradeció gentilmente, y rechazó la oferta. Luego se despidió del curaca y volvió al barco. Sin embargo, aquella propuesta lo había cautivado.

Al día siguiente, Pizarro decidió enviar a Pedro de Candia para que confirmara lo referido por Alonso de Molina. Pedro de Candia, el artillero griego, era conocido por su buen juicio. Se puso una cota de malla que terminaba en sus tobillos, y en la cabeza un yelmo lleno de plumas. Para su eventual defensa iba con espada, rodela y arcabuz. Cuando llegó ante el curaca, los indios le rogaron que usara el arcabuz, ya que algunos habían presenciado unas demostraciones hechas en el barco. Por complacerlos, soltó un disparo que atravesó una madera gruesa. Los naturales quedaron en el suelo por el susto. El curaca lo comparó con el trueno del cielo y le dio en homenaje muchos vasos de licor de maíz.

Finalmente el griego visitó el *Acllahuasi,* que era la residencia de las vírgenes y escogidas consagradas al dios Sol, y quedó admirado por la belleza de las muchachas y por lo amorosas que eran.

Pedro de Candia informó a Pizarro y a sus compañeros, pero exageró describiendo supuestos monumentos de piedra y hablando de las paredes del Templo como cubiertas por oro y plata. Pizarro pudo avizorar la importancia de su descubrimiento. Aquel no era ni mucho menos el centro de aquella civilización, sino un curacazgo marginal. Había un gran señor al que llamaban Huaina Capac, y las riquezas visibles no serían más que una fracción de

Imagen del artista del siglo XIX Aquiles Deveria, que muestra el recibimiento dado a Alonso de Molina por las naturales de Tumbes.

las que podrían obtener. Pizarro dio la orden de seguir explorando aquellas costas.

La experiencia fue sublime. En cada lugar al que llegaban, las muestras de amistad eran mayores. El paisaje cambió por completo, las costas eran secas, peladas y con pocos ríos. Juan de la Torre tuvo la oportunidad de ver manadas de llamas y enormes andenes en una tierra que, de tan alegre, no había con qué compararla. Pizarro tenía gran interés por averiguar más sobre la ciudad de Chincha, de la que había escuchado mucho en Tumbes. Así llegó hasta la desembocadura del río Santa, donde por fin transigió ante la sugerencia de volver a Panamá.

En el viaje de retorno aceptó la invitación de la Cacica Capullana. Ella organizó un festín bajo una gran ramada donde se instalaron asientos para todos los españoles juntos. Les sirvieron mucho pescado y carnes preparadas de exóticas maneras, frutas, pan y espumante licor de maíz. Los indios principales fueron con sus mujeres y cantaron y bailaron para mostrar sus costumbres a los invitados. Pizarro estaba alegre de ver aquellos indios tan entendidos y domésticos. También estaba satisfecho con el orden mostrado por sus hombres, él dio la instrucción de no manifestar interés por el oro y metales preciosos, y ellos habían cumplido.

Acabado el banquete, Pizarro se puso de pie y tomó la palabra. Les dijo que confiaba en que Dios le permita algún día retribuir sus deferencias y traerles la verdadera religión; habló del cielo, del infierno, y les dijo que debían hacerse vasallos del Emperador don Carlos. En ese momento les mostró y alcanzó una bandera.

Los indios tomaron la bandera y la alzaron tomando a broma lo dicho por Pizarro. Aceptaban riendo las palabras del viejo; no creían que hubiera en el mundo un señor tan grande y poderoso como Huaina Cápac el Inca, hijo del Sol y de la Luna, Señor de la Tierra y Ordenador del Mundo.

# 3

# Los aprestos

Pizarro se ha confinado en su casa de Panamá. Afuera la bulla, los comentarios exaltados, las narraciones de la gente. Los vecinos de Panamá no hacían más que hablar del Perú, de Francisco Pizarro y de su increíble constancia para alcanzar todo lo que se había propuesto. Las tabernas eran el escenario ideal para los relatos apasionados, ahí estaban Alonso Briceño, Francisco de Cuéllar y Nicolás de Ribera hablando del oro, la plata, de los textiles fabulosos de aquellas tierras. Los ojos desorbitados de los oyentes fijos en los hombres, pero perdidos en las ciudades y aventuras que evocaban al *Amadís de Gaula*.

Afuera la bulla. Pizarro encerrado en su casa pensando, planificando cada uno de sus pasos futuros y recordando a cada uno de sus muertos, en particular, al último de ellos. Al volver a la isla de la Gorgona, los esperaban solo Cristóbal de Peralta y Martín de Paz; Gonzalo Martín de Trujillo había muerto de los males contraídos. Estaba enterrado en la isla, y él le había rendido honores. Quedó afectado, Trujillo había sido uno de los trece del Gallo y nunca supo de la realidad del Perú. ¿Cuántos hombres más habrían de perecer en la gesta? Él había hecho todo lo que un buen capitán puede hacer por cuidar a sus hombres, pero no había sido suficiente. Más de doscientas vidas hispanas habían sido sacrificadas en la compañía del levante. ¿Cuántas más tomaría? Se propuso cuidar aún mejor la vida y el alma de sus hombres. Si tenían que conquistar aquellas ricas tierras, debían hacerlo como soldados y como cristianos.

En cuanto al tercer viaje, se requería ahora mucho más que en los anteriores. Hombres, navíos, más armas y caballos. Ello también significaba debilitar más la frágil demografía de Panamá y succionarle los pocos recursos con que contaba. Pedro de los Ríos sabía de lo importante de la gesta de los tres hombres que tenía enfrente, pero era, al fin y al cabo, un proyecto privado, y sus aspectos políticos y económicos tenían más que ver con la Corona. A él se le había encomendado la gobernación de Panamá y debía evitar el despoblamiento de la ciudad. Pedro de los Ríos decidió esperar las órdenes Reales.

Pizarro, Almagro y Luque determinaron viajar a España para defender la causa del Perú y negociar sus propios derechos. La compañía del levante, como empresa privada, debía garantizar sus beneficios futuros a través de *capitulaciones* o acuerdos que definirían sus derechos y deberes como descubridores y conquistadores.

Hernando de Luque propuso a Diego del Corral para que se hiciera cargo de la gestión ante la Corona. Del Corral era un hombre curtido en el ambiente de los negocios, licenciado en Derecho y también viejo amigo de Pizarro. Además, pronto viajaría a España.

Pero Almagro se opuso; si el argumento de Luque era ahorrar los costos del viaje, era una falsa economía porque Del Corral cobraría por sus servicios, y de hecho no sería poco. Propuso a Pizarro; él había sido el gestor de la expedición, el jefe y el mayor responsable del éxito.

Luque no estuvo de acuerdo, Pizarro era un gran soldado y un sólido capitán, pero no sabía de los vericuetos jurídicos por los que sería llevado en la Corte; además, temía que las capitulaciones pudiesen generar descontentos o establecer un trato injusto para alguno de los socios. Les dijo a Pizarro y a Almagro que su mayor deseo era no ver una disputa entre ambos más adelante.

Igual primó la opinión de Almagro. Pizarro simplemente afirmó que actuaría conforme a lo que se decidiera en común. Se redactó un documento, en el que Pizarro se comprometía a negociar sin malicia, sin engaño ni astucia alguna. Para sí mismo solicitaría la Gobernación del Perú; para Almagro, el cargo de Adelantado de la nueva tierra, esto es, jefe de los ejércitos; y para Luque la mitra episcopal del primer Obispado que se fundase en el Perú. También debía conseguir mercedes para los trece del gallo y el Alguacilazgo Mayor del Perú para Bartolomé Ruiz.

Pizarro aceptó así el cargo de Procurador y dio su palabra de hacerlo tal y como estaba descrito.

Para visitar a sus amigos y juntar 1500 castellanos y poder así financiar el viaje, Almagro, aquejado por una sífilis contraída, tuvo que ser trasladado en una silla en hombros cargada por sus esclavos. La cantidad era poca, porque también eran de la partida Pedro de Candia, cinco de los indios tumbesinos y algunas llamas y alpacas de las nuevas tierras. Almagro no solo había puesto una vez más su esfuerzo personal, también trataba de hacer nuevamente buenas migas con Pizarro. Sabía que su socio era un hombre bueno y honesto, las diferencias habían sido, finalmente, circunstanciales, y ahora era necesaria la unión de todas las fuerzas para asegurar el triunfo de la conquista. Por eso, él mismo, contra lo que aconsejaría la prudencia en los negocios, había propuesto y logrado que Pizarro fuera el Procurador ante la Corte. Era la mejor oportunidad para restaurar la confianza y la gran amistad de siempre.

La delegación zarpó de Panamá al puerto de Nombre de Dios; donde reembarcaron hacia La Española. Santo Domingo conservaba la belleza y lustre que Nicolás de Ovando le había dado. Ahí estaban la calle de las Damas, la plaza y el embarcadero. Allí también, en el suelo de entrada del templo de San Francisco, y en medio de su estructura de ladrillos se hallaba la tumba de Alonso de Ojeda, colocada ahí como última voluntad del antiguo jefe de Pizarro, para que todos la pisasen al entrar.

A fines de 1528, Pizarro se hizo a la mar nuevamente con destino a Sanlúcar de Barrameda, España. El solaz que pudo significarle a Pizarro el volver a España se vio ensombrecido por un desagradable acontecimiento: Fernández de Enciso estaba en Sevilla, el rencor y la revancha seguían vivos contra todo aquel que hubiese perjudicado sus intereses o estado en su contra en La Antigua. El viejo socio de Ojeda tenía una ejecutoría contra los vecinos de Santa María La Antigua del Darién, en mérito a la cual le debían pagar cierta cantidad de maravedíes. Así, Francisco Pizarro y el mismo licenciado Diego del Corral, que había coincidido con él en el viaje, terminaron en la cárcel de Corte de Sevilla.

El emperador, entendiendo la importancia de la misión de Pizarro, dispuso su libertad el 6 de febrero de 1529. Una parte de su dinero le fue devuelta y la otra fue depositada en el Consejo de Indias hasta que su destino fuese determinado. Pizarro, acompañado por Candia, dejó Sevilla con dirección a Toledo, llevando su cargamento de regalos, indios y de ovejas del Perú.

Para Pizarro lo que siguió fue una demostración adicional de su fuerza de carácter. Estaba ante el rey Carlos V, el hombre más poderoso del mundo. Él ya no era un bastardo iletrado, era ante sí y para todos el descubridor del Perú.

El rey se mostró gratamente impresionado por los indios, los animales, tejidos y ceramicas, pero también ante la belleza de las piezas de oro y plata que Pizarro le entregó a manera de presente. Complacido, escuchó hablar de las costumbres de los naturales de aquellas tierras, de los sacrificios y proezas que irrogaban la conquista y de los sucesos de la isla del Gallo. Pero el rey tuvo que dejar Toledo el 8 de marzo de 1529 para hacerse cargo de la guerra en Italia. Además, también tenía el problema del avance del turco Solimán II en Hungría, y las amenazas del pirata Barbarroja en el Mediterráneo.

En vista de aquello, Pizarro y Candia tuvieron que esperar semanas para ser atendidos por el Consejo de Indias. Meses desesperantes ante la escasez de recursos. En aquellas idas y venidas entre la Corte y el Consejo, Francisco Pizarro y Hernán Cortés debieron de encontrarse. Ambos estaban en Toledo en aquellos días, y Cortés estaba defendiéndose de acusaciones que lo habían separado del gobierno de Nueva España. Otra vez aquella gloria esquiva que tan pronto bendice al hombre para luego destruirlo, tal y como tan vilmente aconteció a Balboa.

Pizarro conocía a Cortés desde la época de La Española, bajo la gobernación de Ovando, pero ahora se darían cuenta de que eran parientes: Pizarro era, por dos vías sanguíneas, tío en segundo grado de Cortés. Para entonces, este tenía cuarenta y cuatro años, y Pizarro, cincuenta y uno.


## LAS CAPITULACIONES TOLEDANAS

Cuando el Consejo de Indias atendió finalmente a Francisco Pizarro, sus miembros quedaron honestamente deslumbrados por sus relatos, por los dibujos y pinturas que Candia había hecho de Tumbes, por el nivel de civilización de los indios tallanes y por los auquénidos. No tardaron en denominar Nueva Castilla a las tierras descubiertas, y el propio Presidente del Consejo, el Conde de Osorno, informó positivamente a los monarcas.

Así, el lunes 26 de julio de 1529, la emperatriz doña Isabel de Portugal firmó el documento que la historia denominaría *Capitulación de Toledo*. Pizarro había presentado la solicitud de cargos y beneficios tal como se acordara con Almagro y Luque en Panamá, pero la negociación había sido larga y los meses transcurridos le habían hecho reflexionar en un sentido muy distinto al que se había pactado.

El Consejo de Indias no quería asumir el riesgo de otorgar poderes paralelos a los conquistadores. Tenía la muy amarga experiencia por lo acaecido en Nueva España, donde se habían desatado sangrientas disputas entre los capitanes españoles. Para el Consejo, lo más adecuado era tener una sola dirección a cargo de cada gobernación.

Por otro lado, si bien el propio Pizarro no era un hombre que sucumbiera ante el hechizo del poder, había sufrido la experiencia de tener a su socio, Almagro, como capitán adjunto en la expedición. ¿No era, acaso, el cargo de adelantado, el que otorgaba la dirección y el control sobre la hueste? El Consejo lo quería a él como gobernador y adelantado, este último cargo comprometido para Almagro; esto colocaba a Pizarro en un grave dilema de conciencia; él había dado su palabra y debía respetarla, pero si en la conquista y el gobierno del Perú se producía un descontrol o conflicto, el desorden acabaría con la empresa. En efecto, el orden era la premisa del éxito para la conquista del Perú, y si era el Consejo de Indias el que proponía este control, mucho mejor.

Los términos finales de la Capitulación de Toledo le otorgaron a Pizarro la autorización para proseguir con el descubrimiento y conquista del Perú sobre doscientas leguas castellanas de costa, entre el río Santiago, que coincide aproximadamente con la frontera hoy ecuatoriano-colombiana,

Pizarro negocia con el Consejo de Indias los términos según los cuales se distribuirían los beneficios de la conquista.

y la región de Chincha, al sur de la actual ciudad de Lima, capital del Perú. En realidad la mención a Chincha solo obedecía a que era el extremo más al sur, conocido solo de oídas por los españoles, y que les servía de referente.

En cuanto a los cargos otorgados, Pizarro fue nombrado Gobernador y Capitán General de la Nueva Castilla de manera vitalicia; la designación incluía la obligación de continuar el descubrimiento, conquista y poblamiento de la tierra perulera. El salario para su cargo fue establecido en 725.000 maravedíes anuales, dinero que saldría de las rentas reales del Perú y con el que pagaría los sueldos del Alcalde Mayor, diez escuderos, treinta y cinco criados, un médico y un boticario. Pizarro recibía además el título de Adelantado y de Alguacil Mayor; este último era sobre todo honorífico, pero importante en el nivel jerárquico. También se le otorgó licencia para hacer construir cuatro fortalezas en los lugares de su elección y ser su Alcalde. Por último, un salario de 1.000 ducados anuales hasta su muerte, pagaderos también con las rentas reales del país.

Hernando de Luque fue nombrado Protector de los Indios de las tierras descubiertas, con un haber anual de 1.000 ducados. La Capitulación establece también que el Rey, en virtud al Patronato Regio del cual gozaba, propondría a Luque ante el Papa como Obispo del Perú, con sede en Tumbes. A la espera de la respectiva Bula, Luque iría ejerciendo su referido cargo de Protector.

Diego de Almagro recibió la Intendencia de la Fortaleza de Tumbes, con una renta anual de 300.000 maravedíes. Se le concedía además la condición de noble, con todos los privilegios de que gozaban los hidalgos en tierras indias y la legitimación de su hijo mestizo, que llevaba su nombre y había sido engendrado con una india panameña, de nombre Ana Martínez.

Bartolomé Ruiz no recibió el Alguacilazgo que esperaba, que recayó también en Pizarro, sino que fue hecho Piloto Mayor de la mar del Sur, con un salario anual de 75.000 maravedíes. También recibió el nombramiento de regidor de Tumbes.

Pedro de Candia recibió el título de Artillero Mayor del Perú y Capitán de la Artillería de la expedición, con 60.000 maravedíes de salario al año. También recibió la licencia para fabricar cañones y el título de regidor de Tumbes.

En cuanto a los trece del Gallo, a los que eran plebeyos se les hizo Hidalgos de solar conocido, y aquellos que ya lo eran fueron hechos Caballeros de la Espuela Dorada. Cinco de ellos fueron nombrados además regidores de Tumbes: Cristóbal de Peralta, Francisco de Cuéllar, Juan de la Torre, García de Jarén y Domingo de Soraluce.

En los plazos asignados, la *Capitulación de Toledo* fue bastante rigurosa y puntual. Pizarro tenía seis meses para prepararla reclutando 150 hombres en España, otros 80 en las islas y 20 en tierra firme. Con los 250 hombres una vez llegados al Perú, tendría 6 meses para llevar a cabo la conquista. Tendría también que llevar Oficiales Reales, que eran Agentes del Tesoro, y debía pagar el viaje de los religiosos encargados de la primera evangelización.

Antes del tornaviaje a Panamá, Pizarro envió algunos hombres a Nombre de Dios para comunicar el contenido de las capitulaciones. En la misma Sevilla, la noticia corrió tan rápidamente que muchos otros que se embarcaron al Nuevo Mundo iban llevando los detalles.

Cuando Almagro conoció las capitulaciones estalló en cólera. Indignado, desparramaba sus quejas contra Pizarro por la ciudad. El acuerdo inicial no había sido respetado, de nada había servido confiar en Pizarro, mal pago le daba por todo lo que él había hecho. Si él hubiera ido ante el Rey, no le hubiera retribuido a Pizarro con hacerle alcalde de Tumbes. Ninguno de los hombres que venía con Pizarro entraría en su casa, ni él gastaría más dinero en la causa.

Luque, primero, le hizo ver que en realidad la culpa había sido suya por haber procurado con tanto ahínco que Pizarro fuere solo a España, sin atender su propuesta de que el procurador fuera una persona de negocios distinta a los tres; aunque luego, al verlo tan exaltado, trató de sosegarlo diciéndole que era mejor esperar y no creer más del dicho de los recién llegados de España.

Almagro estaba tan resentido que fue a Nombre de Dios para esperar el regreso de Pizarro. Hasta ahí llegaron las cartas de Luque haciéndole ver que, como el negocio se había hecho en compañía, en ese nivel podrían arreglar cualquier diferencia económica, y que era bien sabido que Pizarro era hombre de honor. Incluso Nicolás de Rivera viajó por encargo de Luque a persuadir a Almagro. Al final Almagro se sosegó y volvió a Panamá.

En las siguientes semanas Almagro retomó sus funciones, contrató carpinteros para traer madera del río Lagartos y reparar las naves desgastadas por el trajín, reclutó gente y consiguió provisiones para ellos y para los que llegasen de España. Bartolomé Díaz, en cambio, se quejaba amargamente del Alguacilazgo negado; recordaba ante quien lo quisiera oír cómo él había encontrado la balsa de tumbesinos y cómo su participación había sido determinante en tantos momentos.

Cuando Pizarro llegó a Nombre de Dios, Almagro fue inmediatamente a buscarlo. En público el encuentro fue cordial, como antes, pero en una reunión privada Almagro fue directo y explícito. Le dijo a Pizarro que no entendía por qué lo había mirado tan mal, si él siempre lo hizo tan bien con él, procurándole el cargo del descubrimiento, consiguiendo siempre el sustento para la expedición y cómo había dado hasta un ojo y quedado tullido. Recordó también que él envió a la Gorgona el barco con el que se hizo el hallazgo del Perú.

Pizarro miró al socio y al amigo. Cuán valioso seguía siendo ese hombre para la conquista, pero qué limitado podía ser para el gobierno y manejo de aquellas nuevas tierras. Después de meses en España y ante la Corte, Almagro le pareció ahora inevitablemente pequeño. Se fastidió por aquel pensamiento y su gesto se hizo duro por quitarse esa bellaquería de la cabeza. Le sirvió. Su actitud debía ser firme. Ante Almagro, Pizarro pareció indignado; le dijo que no tenía que recordarle esas cosas, que bien las sabía; que la petición ante la Corte había sido la acordada, pero la respuesta había sido negativa. En España, nadie conocía a Almagro ni aceptaban un gobierno dividido.

Almagro le pidió ver la petición presentada ante el Consejo de Indias para confirmar si era tal como decía. Almagro no podía leerla, Pizarro tampoco. Era la escena contradictoria de dos hombres extraordinarios, limitados por una carencia ordinaria. Tal vez Almagro miró los trazos dibujados sobre el papel y a pesar de no entenderlos, se quedó conforme. Quizás un tercero hizo la lectura.

Pizarro le dijo finalmente a su socio que la tierra del Perú era tan grande que habría gobernación para ellos y para otros. Y que aquello que él poseía, también era suyo. Esto último lo dijo sin cálculo alguno, era una realidad financiera entre ambos, pero que además le nació del sentimiento.

Almagro se calmó.

## LOS HERMANOS PIZARRO

Antes de embarcarse desde Sevilla de regreso a Nombre de Dios, Pizarro hizo una visita a Trujillo de Extremadura, su tierra natal. Hasta entonces, Pizarro se había hecho solo y confiaba en su carácter para el éxito de su gesta. Pero también sabía que valerse únicamente de sí mismo traía demasiados riesgos. En el Nuevo Mundo las alianzas personales eran difusas, y ni los matrimonios ofrecían seguridad alguna. Ahí estaba el caso de Balboa, ejecutado por Pedrarias, su propio suegro. ¿No tenía él acaso una familia de hidalgos para configurar una suerte de clan? ¿Podía ahora él confiar en la amistad? ¿No había sido incluso Almagro, su fraternal amigo, su rival en tantas ocasiones?

Si había llegado a conocer a Hernán Cortés, Pizarro había tenido una razón adicional para valorar la fuerza de su sangre. También era probable que hubiese conocido a su medio hermano, Hernando Pizarro, durante las negociaciones de Toledo. De hecho, este último pudo haberle propuesto viajar a Trujillo.

De no haber sido por su deseo de incorporar a sus familiares en la conquista del Perú, difícilmente Pizarro hubiera hecho aquel viaje. De ninguna manera habría buscado reconocimiento u honores, a los que era más reticente. También sabía que su madre y las personas por las que tenía algún afecto debían haber muerto. Eran muchos años, más de un cuarto de siglo desde que salió de España hacia el Nuevo Mundo. Eran demasiados los transcurridos desde que abandonara su hogar para ir a Sevilla, en 1493.

Ahora esta en la casa paterna, esa casa que nunca lo acogió como uno de los suyos. Tenía frente a él a Hernando, un hombre cuya sola presencia le confirmaba sus ideas de sumarlo a la campaña: tenía solo 25 años, pero ya era conocido como eximio hombre de guerra; se le veía altanero y había heredado la estatura de Gonzalo Pizarro *el Largo*. De adolescente había batallado junto a su padre en el cerco de Logroño, y en 1521 fue ascendido a capitán de infantería, con apenas 17 años.

Gonzalo Pizarro *el Largo* ya había muerto para ese entonces, obviando en su testamento a Francisco Pizarro. Pero había engendrado otros dos hijos varones y bastardos: Juan y Gonzalo, uno de 23 años en ese entonces y el otro de posiblemente 20. Ambos habían gozado de la educación de hidalgos gracias a los cuidados de Hernando, seguro por encargo de su padre.

En Trujillo, Pizarro también conoció a un hermano uterino, Francisco Martín de Alcántara, quien era hijo de su madre y de un tal Francisco Martín. Pizarro tomó afecto de inmediato a este hombre, con quien lo vinculaban los únicos cariños tempranos que había recibido.

Pizarro viajó con sus cuatro hermanos a Sanlúcar de Barrameda. El embarque al viaje de conquista se hizo en cuatro naves: los galeones *Santiago, Trinidad* y *San Antonio,* y una zabra, que por alguna razón Pizarro eligió como capitana. A Hernando, Juan Pizarro y Pedro de Candia se les dio la capitanía de cada uno de los barcos mayores. Ahí, junto a los soldados, se embarcó fray Vicente de Valverde con otros cinco frailes dominicos. Él estaba llamado a ocupar un lugar protagónico en la historia.

El 26 de enero de 1530 vencía el plazo para el embarque, y la Casa de la Contratación fiscalizaría que fueran de la partida no menos de 150 hombres de acuerdo con lo establecido por el Consejo de Indias. En la madrugada de ese día, antes de la llegada de los inspectores pero cumpliendo formalmente con lo establecido, Pizarro zarpó con la zabra por delante. Cuando llegaron, los funcionarios fueron informados de que el primer barco había salido con 65 hombres, cifra con la cual el total de efectivos reclutados llegaría a 185. El problema era que Pizarro no había logrado reunir el número estipulado en las capitulaciones, y el ardid le dio el resultado deseado. Los inspectores, visiblemente mortificados, tuvieron que dar su conformidad.

Cuando la flota llegó al pequeño puerto de Santa Marta, el gobernador Pedro de Lema temió que se despoblara el asentamiento ante un eventual reclute de Pizarro. Entonces hizo correr la voz de que el Perú era una tierra tan mala, que solo había culebras, lagartos y perros para comer. Fue tan convincente en su versión, que incluso algunos de los hombres que venían de España, huyeron y se quedaron allí.

Con esta experiencia, Pizarro ya no recaló en Cartagena de Indias como tenía previsto y enfiló directamente a Nombre de Dios, donde se encontraría con Almagro.

La presencia de los hermanos de Pizarro tuvo un efecto no previsto. Eran hombres jóvenes y soberbios que no sabían de la valía y los méritos de cada hombre en Panamá ni de los veteranos de las expediciones anteriores. Peor aún, ante los demás, ellos aparecían como pretendiendo merecerlo todo por el solo hecho de ser hermanos de Pizarro. En especial Hernando fue el instigador en contra de la más o menos recompuesta relación entre Pizarro y Almagro.

Hernando era apasionado, temerario y cruel. Para él la presencia de Almagro era ciertamente un estorbo, y estaba en contra de las consideraciones de las que gozaba frente a lo poco que, según juzgaba, había hecho. Él quería para sí el lugar de segundo en la expedición, y tener a ese analfabeto tuerto por encima de él le resultaba ofensivo. Sumó a sus hermanos Juan y Gonzalo en esta idea formando un frente común. Juan era más equilibrado de carácter y gentil, pero también de temperamento fuerte. Gonzalo era impetuoso, insolente y vanidoso por un buen rostro. Pero lo que nadie podía restarles a los tres hombres era su valor para la guerra, su brillo y destreza con las armas, y en cuanto a Hernando, su capacidad de liderazgo.

La situación se hizo tensa. Hernando llegó a maltratar de palabra a Almagro, lo cual fue considerado una afrenta. El socio estaba dolido e indignado. Unos mozuelos querían hacerse de aquello que tantos sacrificios y empeños le había costado. Para él, eran unos advenedizos y oportunistas que venían a servirse de un plato que no habían cocido. Para presionar a Pizarro, aunque sin descartarlo del todo, Almagro amenazó con hacer una compañía nueva con otros socios.

La reacción fue inmediata. Si Almagro se retiraba llevándose aquello que le correspondía de la compañía del levante, la empresa del Perú quedaría sin efecto. Luque intervino una vez más y Gaspar de Espinosa viajó desde Santo Domingo a Panamá para mediar ante sus dos amigos. El resultado fue una compañía nueva con otro contrato.

Pizarro aceptó ceder en beneficio de Almagro su participación en la encomienda de la isla de Taboga, en la que mantenían la sociedad con Luque. Se comprometió, asimismo, a no pedir merced o beneficio alguno para él ni para sus hermanos, hasta que Almagro solicitase al rey una gobernación que comenzara donde acababa la suya. Y en cuanto a oro, plata, piedras preciosas, repartimientos, esclavos y cualesquiera bienes o haciendas, serían divididos entre ambos y Luque.

Este nuevo contrato le dio a Almagro mucha mayor tranquilidad. Fundamentalmente y sobre todo, puntualizaba lo ofrecido por Pizarro respecto de las capitulaciones de Toledo, pero ante la sombra de sus hermanos era de poco fiar. Para

Pizarro, el problema residía en que se había visto obligado a aceptar un acuerdo, tomando como referencia tierras que solo se conocían de oídas, en especial en lo referido al límite en Chincha. En cuanto a Hernando, Juan y Gonzalo, el contrato era un nuevo motivo para guardar encono en contra de Almagro.

Un aspecto problemático referido a la implementación de la expedición era la ausencia de naves adecuadas para el transporte de la hueste. Como los intereses estaban centrados en Nicaragua, no había ningún barco en Panamá. La oportunidad se dio negociando dos grandes navíos con sus propietarios, Hernando de Soto y Ponce de León. Eran barcos esclavistas que traían cautivos para ser subastados en Panamá. Pizarro negoció la participación de las naves con la ayuda de Hernando. A Soto le ofrecieron, aparte del precio, hacerle capitán y teniente gobernador en el principal pueblo que se poblase; y a Ponce de León un repartimiento de indios de los buenos que hubiese en las nuevas tierras.

Esta vez Pizarro había prescindido de Almagro. Hernando, rápido, persuasivo y envolvente, lo hizo bien, lo cual el mismo Almagro no podía negar. Pero en el fondo y por primera vez, se había roto la primigenia división de funciones. Pero ¿acaso Almagro en alguna ocasión no había asumido las facultades de capitán adjunto, a pesar de Pizarro?

## La campaña equinoccial

El día 27 de diciembre de 1530 fueron bendecidas las banderas de la expedición en la iglesia de Panamá. La ceremonia fue solemne, y a la mañana siguiente, los jefes y la tropa en pleno comulgaron con entusiasmo y fervor.

Los barcos zarparon del puerto de Panamá el 20 de enero de 1531. Los dos navíos que partieron iban con 180 hombres y un estupendo contingente de 30 caballos. También la artillería, al mando de Pedro de Candia, había sido notablemente reforzada. El objetivo era claro para todos: la conquista del Perú. Una tercera nave que estaba al mando de Cristóbal de Mena se les uniría unas semanas después, y la navegación en su conjunto estaría bajo las órdenes de Bartolomé Ruiz; nadie como él conocía los extremos de la mar del Sur.

En lo que respecta a Diego de Almagro, este se quedó en Panamá a cargo de toda la logística del viaje y recuperándose de su penoso mal.

La expedición no se detuvo en las costas recorridas y exploradas las veces anteriores, ya que habría significado un desgaste innecesario. Los vientos eran favorables y la mar estaba calma. Sin dificultad y en tan solo diez días arribaron a la desembocadura del río Esmeraldas, llamado Guayllabamba por los incas, en el extremo norte del hoy Ecuador. Ahí Pizarro hizo desembarcar a hombres

Retrato de Pizarro en un grabado del siglo XVII. Destaca la mirada propia de su personalidad y carácter.

y caballos con el fin de acostumbrarlos al nuevo terreno en el que iban a tener que desenvolverse.

Durante dos semanas Pizarro entrenó a los soldados en las estrategias de guerra y en las formas de supervivencia. Muchos de aquellos hombres venían directos de la Península, y había que curtir sus cuerpos para que fueran útiles en la batalla; si habían de enfermar y padecer, eso debía ocurrir muy por delante de la campaña de conquista.

En aquel mismo lugar, Pizarro nombró como lugarteniente a su hermano Hernando. Asimismo designó a tres capitanes: su hermano Juan, Cristóbal de Mena y Juan Escobar. El control del clan Pizarro se formalizaba en los puestos militares.

La región era rica en frutas, pero mientras los españoles recogían y degustaban guayabas, pacaes y ciruelas de las indias, no dejaban de ser espiados por naturales que aparecían y desaparecían en canoas río abajo.

Cumplido el 13 de febrero de 1531, los españoles enrumbaron a pie por la orilla del mar y con dirección suroeste. Así llegaron, cuatro leguas más allá, al pueblo de Atacámez. El lugar estaba desierto, infestado de mosquitos y de peces pequeños que les servían de comida a caimanes enormes. Los hombres pudieron pescar con el solo uso de las manos, pero al tratar de matar un lagarto, el animal era tan fiero que se les quebró una lanza en el intento. Para obtener agua, tuvieron que sacarla de pozos hondos con la ayuda de grandes caracolas atadas a cuerdas.

Días después arribaron a Cancebí. Ahí los españoles estuvieron cinco días y fue la primera región pacificada. La zona era inhóspita, no había qué comer y el agua dulce era difícil de hallar. Tras algunas escaramuzas los indios salieron en paz, les llevaron maíz y se hicieron vasallos del emperador, pero solo por malicia y cálculo político.

Los expedicionarios llegaron luego a la región de los cojimíes. Eran tres brazos de río que desembocaban en el mar, un área extensa de ciénagas, bancos de arena y peligrosos remolinos difíciles de cruzar. Como el flujo del mar penetraba la zona, el agua no era apta para beber. Los soldados hicieron balsas de troncos para cruzar las corrientes, sobre todo para aquellos que no sabían nadar. Aún así, varios perecieron ahogados ante la fuerza de las aguas. Para agravar la situación, muchos hombres enfermaron por falta de comida y la mudanza de aires. Tenían los pies destrozados y el mismo Pizarro tuvo que cargar a los enfermos para cruzar los ríos. Afortunadamente, llegó de Panamá el tercer navío, que traía harina de maíz. Cada soldado recibió medio cuartillo en el reparto, para apaciguar el hambre.

En tanto que las naves surcaban la mar, la tropa siguió el avance por tierra y llegó al poblado de Coaque. Era un sitio importante, había unas 300 o 400 cabañas grandes, en medio de una zona lluviosa y de montes boscosos donde abundaban enormes serpientes y sapos. Pizarro ordenó atacar al rayar el alba y al son de la trompeta. Los indígenas, cogidos de sorpresa, huyeron a la selva. En las cabañas los españoles hallaron ropa de algodón, chaquiras y coronas de oro y plata, esmeraldas e ídolos de aspecto feroz.

El valor del tesoro era de unos 20.000 pesos, pero todo fue concentrado en un solo lugar, sin que nadie pudiese tocar nada bajo pena de muerte. Pizarro esperaba la llegada de los oficiales reales, encargados de retener el quinto del botín para el rey antes de que se procediera al reparto oficial.

Coaque se convirtió en el campamento de los españoles desde febrero hasta inicios de octubre de ese año. La idea de Pizarro era darles un descanso a los hombres, pero sobre todo, conseguir mayores refuerzos para enfrentar la conquista. Sin embargo, la huída de los nativos planteaba el problema de la escasez de alimentos. Así, tres hombres se comieron una culebra y dos de ellos murieron intoxicados. También las enfermedades causaron estragos: diarreas, fiebres y debilidad extrema se ensañaron con la expedición. Incluso apareció por primera vez, un mal que causó terror: la verruga.

Era una enfermedad extraña y abominable, aparecían en cualquier parte del cuerpo unas bolas de color bermejo y del tamaño de avellanas, pero que podían llegar a ser hasta como huevos de gallina. Provocaban intenso dolor y reventaban al paso de los días, destilando pus y sangre. Si el enfermo, desesperado por librarse de ellas, las cortaba con una daga o espada, se desangraba hasta la muerte.

La enfermedad de las verrugas duraba en el cuerpo de veinte días a cuatro meses, inhabilitando al enfermo con dolores y fiebres. Los españoles culparon a la línea equinoccial y a las estrellas por su aparición. Al menos no quedaban huellas en la piel cuando al fin el hombre curaba.

Desde Coaque, Pizarro envió dos de los navíos llevando el quinto real a Panamá y algo de oro para que Almagro preparara pertrechos. El tercer barco fue a Nicaragua, llevando coronas de oro y otras piezas hermosas de orfebrería para atraer a los soldados instalados allá hacia la conquista del Perú. Hasta ese momento, en lo que iba de la campaña, unos sesenta hombres habían perdido lastimosamente la vida.

Gracias a la llegada desde Panamá de dos grupos de hombres y caballos enviados por Almagro y al regreso de los tres navíos, se reanudó la expedición. Los hombres fueron embarcados poniendo rumbo de nuevo al sur, hasta llegar al pueblo de Pasao. Ahí, a las puertas de una suerte de templo, se horrorizaron al ver las pieles curtidas de hombres, mujeres y niños. Más allá, elevadas en estacas, decenas de cabezas humanas reducidas al tamaño de un puño los recibieron con sus párpados cocidos.

Ocho días después, el 24 de octubre, llegaron a Charapotó. La expedición encontró allí un lugar de descanso y una tierra rica en comida. Había maíz, camote y yucas; paltas, piñas y guayabas; venados, perdices y sachavacas. Era tan propicio el lugar que Pizarro se quedó quince días y dejó allí a los enfermos a cargo de tres hombres sanos.

Estando en Mataglán, el 15 de noviembre llegó un navío con la noticia de que Sebastián de Benalcázar había llegado a Coaque para sumarse a la conquista. Benalcázar era conocido por Pizarro y por todos por ser hombre valiente y generoso, un jefe fuerte, aguerrido y de prestigio. Sus hombres solo le obedecían a él, y para Pizarro significaba

Sebastián de Benalcázar, de acuerdo a Antonio de Herrera en su *Historia General de los Hechos de los Castellanos*.

una nueva deuda para el futuro. Así, cuatro de los hombres de Benalcázar fueron colocados en puestos de importancia, y él mismo fue nombrado capitán de caballería.

Pizarro se había visto obligado a repartir estos cargos entre aquellos advenedizos. Sus hombres estaban en su mayoría todavía enfermos o debilitados, y los que enviaba Almagro eran cada vez más bisoños e inexpertos. Ante la proximidad del reino inca, nada se podía arriesgar; menos dejar de lado la capacidad militar de Benalcázar y su experimentado contingente de soldados.

## EN LA ISLA DE LA PUNÁ

Pizarro ya tenía referencias de la isla de la Puná. Años atrás, tras los acontecimientos de la isla del Gallo, los españoles se habían encontrado con las cinco embarcaciones de Tumbes que estaban yendo a enfrentarse con los nativos de aquella isla. En ese entonces, trabaron buenas relaciones con el curaca de Tumbes.

La isla de la Puná tenía una extensión de veinte leguas de orilla a orilla. La recepción y los agasajos estuvieron a cargo de un jefe local, Cotior, quien se mostró solícito en transportar a los españoles desde tierra firme hasta la isla en sendas balsas preparadas para ello. Por su extrema cortesía y por las advertencias hechas por los traductores en relación a una posible trampa para ahogar a todos los soldados, Pizarro solicitó conocer previamente al rey de la isla, de nombre Tumbalá.

El 30 de noviembre, Tumbalá llegó en una gran balsa bien decorada con telas de vivos colores y con el acompañamiento de músicos y cantores que tocaban instrumentos desconocidos. Pizarro esperó a que el rey estuviera a su alcance en medio del protocolo y de súbito lo tomó del brazo llevándolo consigo. El acto fue inesperado y los nativos no tuvieron capacidad de reacción. Pizarro fue directo, le dijo a Tumbalá que estaba dispuesto a hacer el viaje, pero siempre y cuando él lo acompañase pues temía una emboscada.

El rey contestó que era mentira que existiera semejante trampa, y que quien le hubiera dado a Pizarro esa idea lo había hecho por congraciarse con él. Accedió a lo propuesto, y todos pasaron hasta la isla sin novedad. Pizarro fue el último en cruzar, llevando a Tumbalá a su lado.

En la isla los españoles se sintieron en el paraíso, las naturales les proveyeron de maíz y pescado seco, frutas y agua dulce en abundancia. De repente uno de los españoles hizo un hallazgo inaudito: en un extremo de la población y junto a una cabaña, se levantaba una cruz. En la fachada de aquella cabaña también había una cruz pintada, y tenía puesta una campanilla. Los hispanos se acercaron, cuando salieron corriendo de la cabaña, un grupo de niños aborígenes dando loas a Jesucristo.

La historia era lamentable. Alonso de Molina, el mismo que se quedo en Tumbes por voluntad propia, fue hecho prisionero por los nativos de la isla de la Puná. Ahí decidió iniciar el adoctrinamiento de los naturales en la fe cristiana, y comenzó la catequesis de los niños en ese lugar. Sin embargo, en un enfrentamiento que tuvieron los naturales contra otros isleños, Alonso de Molina había muerto.

Eran los primeros días de diciembre y Pizarro se dispuso a pasar la época de lluvias en la isla. Los enfermos eran muchos, y él quería a su hueste en la mejor de las condiciones para la etapa de conquista. Dejó que los sanos se recreasen un poco incluso en la caza de venados, y él se concentró en el planeamiento de la campaña y en la ordenación del campamento.

Con mucha frecuencia Tumbalá se aparecía en las tardes de visita, siempre en su litera y con sus músicos. Por el tiempo que duraba la visita, cincuenta danzarines se presentaban ante los españoles ejecutando sus bailes exóticos. Pero los bailarines no eran tales, en realidad eran guerreros que usaban su arte como pretexto para acercarse a los soldados y planear la mejor manera de acabar con ellos. Los intérpretes alertaron a Pizarro de la traición y de que, de no cuidarse, los cristianos acabarían cautivos en la isla, como los seiscientos tumbesinos que estaban ahí.

Una noche llegó al campamento español Chilimasa el curaca de Tumbes. Se identificó a sí mismo y a los guerreros que lo acompañaban. Pizarro los recibió cortésmente, y maquinó enfrentarlo a Tumbalá con el objeto de obtener beneficios de la paz lograda entre ellos.

Al día siguiente, por la tarde, llegó como siempre Tumbalá. Pizarro lo invitó a pasar a su cabaña, donde estaba Chilimasa. La reacción de ambos hombres fue violenta. Tras apaciguarlos, Pizarro y sus hombres dejaron solos a los dos jefes nativos para que arreglasen sus diferencias. En efecto, los dos hombres salieron de la cabaña anunciando la paz, para asombro de sus guerreros y para satisfacción de Pizarro. Pero en realidad era una paz dictaminada por una instancia muy superior a la influencia hispana: Tumbalá y Chilimasa simplemente obedecían las órdenes secretas dadas por un orejón del Inca.

Ya estaban concertadas las paces, cuando llegaron a la isla dos barcos españoles al mando de Hernando de Soto, quien traía nada menos que cien hombres de Nicaragua. Este número incluía 25 jinetes con sus animales.

Era la segunda respuesta nicaragüense para la conquista del Perú. Soto había recibido de Pizarro un pago de 3.000 pesos en oro enviados desde Coaque para el reclutamiento de refuerzos y para

La presencia de Hernando de Soto tendría un carácter ambivalente, de un lado su osadía sería provechosa, pero también actuaría al margen de las órdenes de Pizarro.

los pertrechos. Pero Soto también esperaba el cargo de lugarteniente de la expedición, lugar que ya ocupaba Hernando Pizarro. Soto se quedó descontento, pero prefirió callar.

Hernando de Soto, con treinta años, ya era un militar reconocido. Como Pizarro y gran parte de la hueste, era extremeño. Llegó con Pedrarias al Nuevo Mundo, tras haber luchado al lado de Pizarro en la expedición que organizó Espinosa al oeste del istmo de Panamá. Después había sido uno de los más destacados capitanes en la conquista de Nicaragua, y había recibido una encomienda importante y cargos municipales de notoriedad. En cuanto a su carácter, era conocido por ser un hombre fogoso en extremo.

La llegada de Soto permitía pensar en el Inca y en la conquista de su reino, pero la traición de

Tumbalá aceleró los acontecimientos. El rey había reunido todo su ejército, provisto de macanas, arcos y flechas. Pizarro fue alertado, solicitó ver a Tumbalá y lo apresó conjuntamente con tres de sus hijos y diez principales. Los tumbesinos de la isla solicitaron que les fueran entregados los prisioneros, Pizarro accedió y las cabezas del rey Tumbalá y los suyos rodaron por tierra.

Ante la ejecución de su rey, los isleños se sublevaron. Atacaron en canoas a uno de los barcos, que tuvo que ser llevado mar adentro. Las flechas atacaron entonces el campamento de Pizarro, quien los esperaba con tres cuerpos de rodeleros. Una lluvia de saetas cayó sobre los españoles, Hernando fue herido con un venablo en el muslo, y su caballo recibió siete. El animal murió, y Pizarro ordenó se le enterrara profundo, para mantener a los nativos en la creencia de que no podían matar a los caballos.

Los españoles lograron liberar a los seiscientos tumbesinos prisioneros en la isla. Pizarro los envió a Tumbes con todas sus pertenencias, con el fin de consolidar las relaciones con el curaca Chilimasa.

Pizarro entonces ordenó pasar a tierra firme, para lo cual solicitó el apoyo natural de Chilimasa. Pronto llegaron desde Tumbes cuatro grandes balsas para transportar a Pizarro y sus hombres. A inicios de abril de 1532, los españoles dejaban la isla de la Puná, ocho hombres habían muerto ahí por la guerra y las enfermedades, pero Pizarro aprendió en ella a tratar con los curacas locales y a enfrentarlos unos contra otros, aprovechando sus enemistades.

Los españoles estaban ahora sanos, restablecidos, pero en mérito a la victoria militar, Pizarro bautizó la isla con el nombre de Santiago. Ahora todo estaba dispuesto para la conquista, había pasado un año desde que Pizarro saliera con las licencias reales a la conquista del Perú. El aprendizaje del medio había sido duro e inclemente, sin embargo gracias a ello, la hueste perulera era un verdadero ejército, una maquinaria de muerte temible para cualquier enemigo.

Las cuatro balsas tumbesinas que habían llegado completaban la capacidad de carga necesaria para llevar a los hombres que se habían sumado a la expedición, los caballos, las pertenencias individuales y las provisiones.

Así, Soto tomó una de las balsas para llevar su equipaje, Cristóbal de Mena llevó los bienes de Hernando Pizarro, y Francisco Martín de Alcántara, con un tal Hurtado y en dos balsas separadas, las cosas de Francisco Pizarro, de los Oficiales Reales y el Quinto Real. Pizarro zarpó con la tropa y los caballos en los barcos.

Al llegar a la desembocadura del río Tumbes, Hurtado y dos españoles que iban con él fueron bien recibidos por los indios del lugar y llevados al lugar en donde iban a pasar la noche. De repente, fueron cogidos por sorpresa y despojados de sus armas. Los españoles blasfemaban contra los nativos mientras eran firmemente atados a una pica de madera. No reconocieron los instrumentos que se acercaban a sus rostros. Había un ídolo, y la gente lloraba ante su Huaca. Después, el tirón doloroso y brutal en cada ojo. Sus alaridos colmaron el lugar.

Los nativos los mantuvieron vivos mientras poco a poco cercenaban sus cuerpos y los echaban en grandes ollas de barro puestas al fuego.

## Las arenas norte del Perú

Hernando de Soto volvió al campamento español. Había ido con su hueste río arriba, hacia la margen derecha, masacrando a los indios tumbesinos.

El ataque había sido duro, sangriento y había durado hasta el anochecer. Solo entonces Chilimasa envió mensajeros comunicando que se reuniría con Pizarro siempre que se respetara su vida. Pizarro aceptó.

Chilimasa se presentó humilde ante Pizarro. Este último estaba furioso, le había devuelto con vida a seiscientos tumbesinos liberados en la isla de la Puná. ¿Chilimasa le pagaba dando muerte a tres españoles? El curaca se disculpó, dijo haber sabido que ciertos principales habían ordenado dar muerte a los hombres blancos al llegar a la orilla, pero que él no había tomado parte en ello. Pizarro meditó. Todos los bienes trasladados en las balsas se habían perdido, afortunadamente su hermano Francisco Martín, Hernando de Soto y los otros hombres habían salvado la vida. Lo adecuado era ejecutar a Chilimasa por traición, pero parecía sincero; además estaba lo de Tumbes, la ciudad fue hallada inexplicablemente destruida y vacía, desmoralizando a los de Nicaragua.

Volvió a mirar a Chilimasa y lo pensó mejor. Ellos debían seguir hacia el sur y no podía dejar a un enemigo atrás. Aceptó las disculpas del curaca y su propuesta de mantener la amistad.

Pizarro y toda la hueste se quedaron en Tumbes un mes y medio. Ahí tuvieron nuevamente noticias del Cusco. Un indio tumbesino le dijo a

Pizarro que aquella era una ciudad grande donde residía el Inca; que estaba muy poblada y que había cantaros de oro en edificios revestidos con planchas del mismo metal. Pizarro se interesó por esta versión, pero los hombres más desconfiados creyeron que era solo un ardid para devolverles la moral.

Pero, por otro lado, también fueron enterándose poco a poco de una suerte de guerra fratricida que se llevaba a cabo en el reino. Huaina Capac había muerto de una maligna enfermedad que había diezmado el Tahuantinsuyu pocos años atrás. Unas pústulas le aparecieron en el rostro al anciano soberano junto con grandes fiebres. Desde su muerte, dos de sus hijos, Atahualpa y Huáscar, se enfrentaban por el derecho de ceñirse la *mascapaycha* real en su frente, dividiendo el reino en dos facciones; los de Quito, que eran del norte con Atahualpa, y los del Cusco, que eran del sur con Huáscar.

Sin pretenderlo, Pizarro había dejado en su viaje anterior su primer agente de conquista: la viruela. Según informaron los nativos, unos 200.000 hombres, mujeres y niños habían muerto a lo ancho del Tahuantinsuyu; la peste había sido vista como un castigo de los dioses ya que no respetaba ni a la familia real. Incluso Ninan Cuyochi, designado por Huaina Capac como su sucesor antes de morir, había fallecido del mismo mal.

Pestes y guerras intestinas debilitaban aquel reino. El virtual triunfador de la guerra parecía ser Atahualpa, un hombre tan fiero y cruel que Pizarro había notado que con solo pronunciar su nombre, los indios se ponían a temblar.

El 16 de mayo de 1532 por la mañana, un día después de la fiesta de San Torcuato, Pizarro dejó

Tumbes con dirección al sur. Cuatro de los hombres llegados de Nicaragua y dos frailes decidieron regresar a Panamá, y él lo había permitido. ¿Por qué? No quería a nadie a la fuerza, que nunca más se dijera que su gobierno sobre la gente era peor que el cautiverio en Egipto, como se había comentado en la isla del Gallo. Él no obligaría a nadie, aunque esto significara seguir solo con sus hermanos.

En Tumbes se habían quedado a cargo del lugar veinticinco españoles, al mando de Francisco Martín de Alcántara.

Junto con los jinetes, Pizarro tomó la vanguardia del ejército de conquista. Hernando tenía a su cargo la tropa de a pie que incluía a los peones, los perros de guerra y los rezagados. La topografía y el clima habían cambiado abruptamente. El ambiente tropical trocó por un desierto candente solo interrumpido por algunos oasis, que distaban varios días unos de otros. Los caballos avanzaban penosamente a través de la arena, y el sol causaba heridas en los rostros de los casi 200 españoles.

Felizmente para su avance, los españoles hallaron más de un *tambo,* que eran reservorios incas que almacenaban alimentos para las épocas de sequía o escasez, y el rastro del *Qhapaqñan* o camino del inca, que unía vialmente el Tahuantinsuyu.

Durante su recorrido, diversos curacas se acercaron a Pizarro para hablar con él. El jefe español los recibía honrado, y había dado la orden a sus hombres de no importunar a los indios de la zona. Él mismo solicitó a los jefes nativos que los proveyeran de alimentos, lo que hicieron sin problema alguno.

Al llegar al valle del río Chira, el obeso curaca de Poechos, Maizavilca, salió a recibirlos. Había tenido noticia de los hombres blancos, de sus caballos y espadas, así que había decidido salir en paz. Para ganarse el favor del gobernador le ofrendó un sobrino suyo, que fue bautizado por los cristianos como Martín Pizarro, y que todos llamaron *Martinillo*.

Pizarro estableció su campamento fuera del pueblo para que sus soldados no generasen discordias con los lugareños. Estos le suministraban a la hueste agua y alimentos puntualmente. El objetivo de Pizarro era doble: poder ubicar un puerto que sirviera como enlace con Panamá y explorar los curacazgos aledaños.

Durante los viajes de reconocimiento de fray Vicente de Valverde y otros soldados, se ubicó una bahía, decididamente la mejor de aquella zona, para la constitución del puerto de Paita. El recorrido de las márgenes del río estuvo a cargo de Soto y su hueste a caballo, hacia el este, como en dirección a la sierra. Ahí los pueblos no se mostraron tan solícitos, teniendo Soto que enfrentarse con los naturales reduciéndolos y tomando como prisioneros a los curacas.

Pero junto con los curacas cautivos, llegaron noticias del Tahuantinsuyu. Primero se confirmó que aquel señorío de los tallanes eran solo pequeñas porciones del reino. Por otro lado, supieron que Atahualpa se había autoproclamado Inca y que estaba de camino al Cusco, la capital oficial, para tomarla y entronizarse oficialmente.

La presencia de hostilidades en la sierra y las noticias de Atahualpa llevaron a Pizarro a tomar la decisión de abandonar la guarnición de Tumbes y traer a los hombres a Poechos. En junio de 1532, envió a su hermano Hernando para hacerse cargo del apoyo necesario.

Hernando fue y regresó por tierra. Sin embargo, algunos soldados habían salido de Tumbes en un carabelín y en balsas. Llegando al río Chira, desembarcaron y fueron atacados y cercados por los indios del lugar. Pizarro asumió personalmente el rescate, cabalgó con un contingente de soldados develando el alzamiento del curaca Amotape. La única manera de consolidar cada posición alcanzada era actuando con firmeza y rigor: sometió a la pena de garrote a Amotape y a trece de sus seguidores, quemando luego los cuerpos. Perdonó, sin embargo, al curaca del Chira por parecerle inocente, procediendo a investirlo con su propio curacazgo y también con el de Amotape. El acto de Pizarro buscaba consolidar poco a poco al rey de España como la única fuente de todo poder político.

Pero por su parte, el curaca Maizavilca ideó un plan para deshacerse de los hombres blancos que estaban mermando su autoridad. Este consistía en animar a Pizarro para que subiera a la cordillera en busca de Atahualpa. Si del enfrentamiento de ambos prevalecía Atahualpa, la disculpa de los tallanes sería que habían sido engañados por falsos *viracochas*.

Maizavilca se inspiró en una muy antigua profecía que anunciaba la llegada de un Dios a través del mar, llamado Viracocha, que era el hacedor del Mundo. El mensaje que le enviaron los tallanes a Atahualpa fue de subordinación, y dio cuenta de aquella gente venida del mar con pelos en la cara y animales como carneros grandes, a cuyo jefe creyeron Viracocha, y que traía consigo otros muchos viracochas. Mientras Pizarro se hacía cargo del rescate de sus soldados en el río Chira, su hermano Hernando se quedó al mando en Poechos. En

medio de aquellas circunstancias, un indio con aspecto humilde y con un gran rebozo en la cabeza apareció en el campamento español vendiendo pacaes. Su aspecto lo hizo casi invisible, su rostro absorto contemplaba al herrero calzar los caballos y al barbero echar nieve en el rostro de los viracochas para esquilarles los rostros por el calor y los bichos. También, con una expresión casi estúpida, miraba con detalle a los caballos: vio que era falso que comieran metales, ya que nunca devoraban la barra de plata que llevaban en el hocico, sino que más bien engullían hierbas de noche. En cuanto a los perros, vio que sí comían carne y que eran fieros para la guerra. Finalmente, ante la ausencia del mayor al que los tallanes llamaban Viracocha, el indio puso su mirada en Hernando.

Pizarro se hace cargo del apoyo militar a sus hombres cercados por los naturales.

El español, quien era temido incluso por la misma tropa, le preguntó al insolente qué era lo que andaba buscando. El indio le mostró su canasta con pacaes y habló de Maizavilca, como inquiriendo por la opinión que los hombres blancos tenían del curaca. Hernando desconfió, tomó al indio de las ropas, lo tiró por tierra y lo pateó, echándolo de allí.

Los tallanes se arremolinaron al ver al indio desencajado. Los naturales se pusieron a gritar, pero para los españoles era ininteligible lo que decían. El indio vendedor de pacaes logró escabullirse llevando sus mantos y tratando de cubrir sus enormes orejas. No, aquellos hombres no eran ni viracochas ni dioses, eran simplemente hombres venidos de otras tierras. El informe para su señor estaba listo.

# 4

# La captura del Inca

La configuración del valle del Chira ofrecía tierras y una población nativa numerosa en beneficio de los conquistadores. Pizarro lo consultó con los oficiales reales y también con el buen criterio de fray Vicente de Valverde. Hubo entonces coincidencias en fundar una ciudad en las tierras del curaca de Tangarará, en la margen derecha del río y a seis leguas del puerto de Paita.

Pizarro fundaba su primera ciudad en tierras peruleras y quiso ponerla bajo la advocación del jefe de las milicias celestiales. No en balde había sido un 29 de setiembre de 1513, día de la festividad del arcángel San Miguel, cuando había llegado con Balboa a la mar del Sur.

En la ceremonia celebrada el 15 de agosto de 1532, participaron todos los soldados salvo unos cincuenta jinetes que fueron enviados con Hernando Pizarro para evitar un ataque de las huestes de Atahualpa. A la sazón, diversas informaciones daban cuenta de movimientos indígenas en la sierra cercana.

Al culminar la ceremonia, se inscribieron como vecinos 46 conquistadores. Pizarro hizo el reparto de solares y tierras entre los beneficiarios, depositándoles y no encomendándoles los curacas que deberían servirles y pagarles tributos. Pizarro fue claro: le daba un beneficio económico a sus hombres, pero velaba por la conservación de los naturales, como era la preocupación de la Corona. Sin embargo hubo una excepción; para contentar a Hernando de Soto, le dio el repartimiento de Tumbes, que era de todos el mejor. Soto lo aceptó, pero no se quedó en San Miguel de Tangarará; su presencia era muy necesaria para la guerra y tampoco él estaba dispuesto a contentarse con un repartimiento. Para Soto, aquello era solo un anticipo.

Precisamente a Soto fue a quien Pizarro le encargó un viaje exploratorio hacia la sierra. Partió en los primeros días de octubre con sesenta hombres a caballo y peones, en dirección a los Andes. Subió por el valle del río Piura hasta llegar al pueblo de Cajas. La primera impresión fue desoladora: la aldea estaba casi vacía y muchos indios muertos y desollados colgaban de los pies en diversos sectores.

El curaca del lugar le refirió a Soto que aquello era consecuencia del reciente paso de Atahualpa por aquel lugar. El jefe local explicó que, al haber estado del lado de Huáscar, Atahualpa se había vengado de su pueblo, y aquellas eran las consecuencias. Los españoles sintieron demasiado cerca el olor de la muerte, Atahualpa debía de estar cerca de la sangre todavía caliente de sus enemigos. El silencio sepulcral que colmaba aquel sitio les hizo sentir que podía ser su propio cementerio.

Soto espoleó a su caballo y arengó a su gente. Había que buscar qué comer y salir al encuentro de Pizarro, que los esperaría en Serrán. Los españoles hallaron entonces bellos edificios, lingotes de oro fino, maíz y licor. Se entusiasmaron, saciaron sus cuerpos y embriagaron un poco el espíritu con el espumoso aguardiente. Olvidaron entonces el peligro y se lanzaron frenéticos a la búsqueda de más riquezas. No las había, no de metales preciosos. Lo que encontraron fue un Acllahuasi, tal y como aquel que descubriera Alonso de Molina años atrás. Eran más de quinientas vírgenes solares que representaron para Soto y sus leales soldados un justo premio.

Tras la emoción del momento, apareció ante ellos en una hermosa litera, un indio noble prólijamente ataviado a quien inicialmente les fue imposible reconocer: era aquel indio vendedor de pacaes, quien en realidad era un noble orejón de nombre Ciquinchara.

El orejón alzó la voz y reprendió a Soto por lo hecho, por la osadía de tocar a las mujeres consagradas al Sol y a su hijo el Inca. Le advirtió que Atahualpa estaba cerca y que él mismo estaba en calidad de embajador suyo, con unos regalos para el jefe de los hombres blancos.

Los españoles quedaron anonadados, era el primer contacto de Soto con ese reino del que tanto había escuchado. Retuvo al orejón y mandó un correo a Pizarro para saber cómo debía proceder.

A la mañana siguiente llegaron a Huancabamba; edificios de piedra labrada y un nuevo tra-

Puente colgante en los Andes peruanos, dibujo original
de Rodolfo Cronau.

mo del camino inca causaron admiración en los
españoles. Esa era la ruta que unía Cusco con
Quito; es decir, el centro del Tahuantinsuyu con
una de las ciudades de mayor importancia, fundada
por Huaina Capac y de donde era oriundo Atahualpa. El camino mismo era sorprendente, seis
hombres a caballo podían ir por él avanzando uno
al lado del otro, por puentes y calzadas estupenda-
mente elaborados.

El 16 de octubre Soto llegó a Serrán y se entrevistó con Pizarro. De todo lo escuchado hasta entonces por los españoles sobre el Inca, el Cusco y el
Tahuantinsuyu, nada les había permitido inferir con
claridad el tamaño real y las riquezas de aquel reino.
Ahora Soto podía confirmar, por todo lo visto y oído,
que realmente el Inca no era un reyezuelo sino un
Inca emperador. La civilización que habían descu-

bierto para occidente tenía tal grado de desarrollo y esplendor que sus calles, caminos y edificios no le envidiaban nada al otrora Imperio Romano. Y del Cusco en particular, podía decirse que seguramente fuera real que tuviera palacios y templos con paredes y techos chapados en oro y plata.

La idea de nombrar aquella civilización como un *Imperio* sería común desde entonces. En realidad, el modelo de organización política surgida en los Andes centrales era nuevo y original. La voz *Tahuantinsuyu* quiere decir *cuatro regiones unidas entre sí;* esto es, los incas partían de una visión integradora del mundo a través de relaciones de reciprocidad y del respeto a los curacas, costumbres y deidades de los pueblos anexados. Sin embargo, muchas etnias no compartían el modelo incaico y preferían largamente su autonomía.

Las noticias de Soto fueron un bálsamo para el ánimo de los soldados que estaban con Pizarro. Durante los días previos, las referencias a la infinita crueldad de Atahualpa habían sido cada vez mayores, tanto, que al llegar un navío de mercaderes hasta la desembocadura del río Chira, muchos hombres quisieron volver a Panamá. No faltó quien dijera desconfiar de las riquezas del lugar, pero en el fondo era miedo, un terror ante las limitadas fuerzas que poseían frente a los miles de guerreros que se decía que tenía Atahualpa.

Pizarro sabía que estaba cerca de la hora decisiva. Entonces no le quedó más que amenazar a sus hombres con la horca. En esas instancias no podía perder soldados por efecto del miedo. La situación llegó a tal extremo que un día, al amanecer, alguien había puesto en la pared de la iglesia un papel que recordaba aquello de que Almagro era el recoge-dor, y Pizarro el carnicero.

Para Pizarro ese fue un acto mayor de falta de disciplina. Hizo investigar a sus hombres, y el aparente autor fue nada menos que Juan de la Torre, muy amigo suyo y uno de los trece del Gallo. Pizarro no podía hacer distingos: ordenó la pena de horca en lugar del degollamiento que en realidad le tocaba al procesado por ser hidalgo. Pero cuando estuvo a punto de cumplirse la ejecución, Pizarro conmutó la pena por la del destierro. El verdugo le cortó los pulpejos de los dedos al sentenciado, para que siempre recordase su delito.

Ciquinchara fue alojado en el campamento español. La entrevista entre él y Pizarro fue cordial. Este último recibió como obsequios de Atahualpa dos fortalecillas de piedra en forma de fuente y dos cargas de patos desollados y secos para que, hechos polvo, Pizarro se sahumara con ellos. El orejón le dijo también al jefe español que su señor tenía la voluntad de ser su amigo y que le esperaba en paz en Cajamarca.

Pizarro, de su parte, le dio a Ciquinchara una camisa fina de hilo blanco, dos copas de cristal, algunas perlas de Panamá y cuchillos, peines, tijeras y espejos de España a manera de obsequios para el Inca. Junto con todo ello, mandó que le dijeran que no pararía en pueblo alguno del camino por llegar presto a verse con él.

Pizarro conocía perfectamente su situación. Sabía que cuanto más avanzaba hacia el sur, más se alejaba de sus bases panameñas y cualquier socorro o ayuda se hacían más lejanos. Por eso mismo había despachado poco tiempo antes un navío a

Panamá para informar a Almagro sobre lo acontecido y pedirle que tuviera alerta los refuerzos necesarios. Pero ahora debía tomar una decisión radical:
él había planeado seguir hasta Chincha, pero si no
iba al encuentro de Atahualpa, esto podía ser
tomado como una confesión de debilidad y temor
de parte de los españoles. Sin duda, al darle mayor
confianza al Inca este podría pretender darles fin.

El 19 de octubre prosiguió la marcha. En todos los pueblos a los que llegaban encontraban
muestras del poderío de Atahualpa y del terror que
le tenían los naturales. En Cinto supo que el Inca
estaba entonces en Huamachuco y que tenía un
ejército brutal de muchos miles de hombres.

Pizarro quiso saber más de Atahualpa y sus
planes. Un principal de la etnia de los tallanes
aceptó ser su mensajero. Hablaría al Inca del buen
trato que recibían los caciques de paz y de que los
españoles solo les hacían guerra a los que se
oponían a ellos. Le ofrecería también, de parte de
Pizarro, ser su amigo si Atahualpa decidía ser bueno,
y le diría, incluso, que podría ayudarle en su guerra.

El 7 de noviembre, durante un descanso en
Saña, Pizarro convocó a sus capitanes a consejo de
guerra. Primó la opción de Pizarro de seguir el
camino a la sierra en busca de Atahualpa. La hueste
se enteró y la reacción fue mala. A primera vista, la
diferencia entre los ejércitos era abismal, mucho
mayor de la que se esperaba.

Pizarro se dirigió a sus hombres. La moral
debía estar a tope, como nunca. Les explicó que
rehuir a Atahualpa doblaría su soberbia, que más
bien debían animarse y esforzarse como solo los
buenos españoles solían hacerlo. Que no tuvieran

temor por aquella multitud que se decía había de infieles, ni por el poco número de cristianos, pues la ayuda de Dios era mucho mayor para desbaratar y bajar la soberbia de los indios y traerlos al conocimiento de la santa fe católica.

Los hombres lo escucharon alucinados, se sintieron como en una Cruzada y le dijeron a Pizarro que irían por el camino que él viera más conveniente. Ya vería él lo que cada uno de ellos haría en servicio de Dios, de su Majestad y de sí mismo.

## Al encuentro de Atahualpa

El viernes 8 de noviembre, Pizarro y la hueste perulera comenzaron a subir la cordillera. Al dejar el Qhapaqñan, la marcha se hizo penosa y difícil. El mismo Pizarro tomó la vanguardia de la expedición con cuarenta jinetes y sesenta peones. El paisaje y el ambiente cambiaron abruptamente: el frío se iba haciendo insufrible incluso para los caballos, y el camino era tan difícil y rocoso, que los soldados dejaron sus cabalgaduras y llevaron a sus animales del cabestro.

Por la noche se guarecían en las construcciones incas de piedra que hallaban en el camino. En aquellas instancias, Pizarro y los suyos recibieron una primera embajada del Inca, que les llevó diez camélidos de regalo.

En la segunda embajada que llegó a los españoles, estuvo de nuevo Ciquinchara.

El orejón se mostró muy desenvuelto y le aseguró nuevamente al jefe español que Atahualpa le esperaba en paz en Cajamarca y que lo quería

Puertas de piedra labradas en las ruinas
de Huánuco Viejo.

como amigo. Pizarro le respondió con la misma
diplomacia de siempre. Entonces, el orejón hizo
traer su servicio para beber con Pizarro y los capitanes españoles la chicha que traía consigo. Delante de todos, extrajo seis hermosos vasos grandes
de oro fino. Pizarro, ante el brillo del metal, volvió
a la gran cabaña del cacique Comagre, su hijo
Panquiaco reía y decía que en una provincia del sur
los reyes tenían tanto oro que hacían vasos con él.

Habían pasado veinte años, pero todo había
sido finalmente cierto y se había dado como si el
mismo Dios lo hubiese llevado de la mano. Pero
ese Dios tenía ahora frente a si a los dioses paganos de los infieles que debía destronar.

El mensajero tallan que había sido enviado
por Pizarro ante Atahualpa volvió el 13 de noviembre; en cuanto vio a Ciquinchara, arremetió furioso

contra él y le tiró de las orejas. Pizarro le ordenó que lo soltara.

La historia del tallan era muy diferente a lo que siempre había dicho el orejón: le contó a Pizarro que Atahualpa estaba claramente en pie de guerra y que sus consejeros le habían impedido verle, inquiriéndolo más bien sobre las fuerzas españolas, aunque demostraban conocerlas bien. Los hombres del Inca se burlaron del ridículo número de la tropa de Pizarro, habían dicho que a los caballos los matarían con sus lanzas y que no les temían a los tiros de fuego, pues los cristianos solo tenían dos. Al final no le habían dado ni de comer, y con fortuna había salvado la vida.

Al día siguiente apareció una caravana de auquénidos que llevaban a los cristianos carne seca de llama, ovejas cocidas, pan de maíz y chicha. Pizarro dejó ir a Ciquinchara, quien se disculpó una y otra vez por el supuesto malentendido, pero Pizarro ordenó no consumir ningún alimento por precaución. Toda vianda enviada por el Inca debía ser entregada a los indios cargadores.

La hueste llegó hasta una legua de Cajamarca, el 14 de noviembre. Durante el trayecto, pudieron haber sido atacados por los ejércitos del Inca con desastrosos resultados para los españoles. No había sucedido, pero no por eso debían confiar en las buenas intenciones de Atahualpa. Tenían suficientes razones para no creerle. Acamparon en una hermosa y verde depresión a 2.700 metros de altura, con un clima mucho más tolerable para los hombres.

Al día siguiente pudieron ver la pétrea ciudad de Cajamarca, y a una legua de ella, el campamento del Inca, que ocupaba nada menos que una legua y media, con toldos blancos y aposentos instalados al pie de un cerro al oriente de la ciudad.

Los españoles se quedaron mudos por el gran espanto que sintieron al ver la extensión del campamento enemigo. En él habría unas 50.000 personas, de las cuales más de la mitad debían de ser guerreros. Aun para el más osado era imposible enfrentar semejantes fuerzas contrarias, pero los hombres mudaron el terror de sus rostros por no evidenciarlo ante los indios cargadores. Si percibían en ellos alguna debilidad, seguro serían los primeros en atacarlos.

Pizarro, al ver a sus hombres prácticamente petrificados, dio firmemente la orden de bajar a la ciudad. Entraron en Cajamarca por el lado septentrional, pasando frente al Templo del Sol. Pizarro envió por delante a su hermano Hernando con un grupo de jinetes. El sol empezaba a caer, y el ambiente se nubló. De repente, arremetió contra ellos una fuerte lluvia seguida de granizada con rayos y truenos; para el que menos, todo aquello fue de mal augurio.

Hernando ordenó a los jinetes entrar en Cajamarca a galope para sorprender y asustar a sus moradores; pero la cabalgata fue luego a trote. Ante la sorpresa de Hernando y los soldados, la ciudad estaba vacía. Temiendo una emboscada, llegaron hasta la plaza principal, que era de forma trapezoidal.

Pizarro llegó con el resto de la tropa y los cargadores indios. Todos fueron concentrándose en la plaza. En ese momento, las indias que los acompañaban comenzaron a llorar, se lamentaban y daban de alaridos por lo que sabían que Atahualpa haría con los viracochas y con todos ellos. Conocían bien lo sangriento que era Atahualpa con sus enemigos. Pizarro dio la orden de acuartelarse de inmediato en los edificios que rodeaban la plaza, los hombres debían ver decisión en sus gestos y pasar rápido a la acción para menguar el miedo.

Los españoles se instalaron en los galpones de piedra. Todos tenían un enorme temor por lo que había de venir. Ya no habría más dilaciones, el encuentro armado era inminente. Ante la brutal disparidad de fuerzas, los cristianos se encomendaron a Dios y esto les dio un poco de confianza. Hasta bromearon diciendo que superarían las hazañas de Rolando de Roncesvalles.

Pizarro pensó que Atahualpa podía atacar esa noche, así que tomó la iniciativa. Invitaría al Inca a cenar con él, y en ese momento lo apresaría. Así lo había ideado Balboa para apresar al cacique Careta y a otros muchos jefes nativos, y el mismo Cortés hizo así de Moctezuma su cautivo y rehén.

El plan era osado, pero Pizarro lo ejecutó con firmeza. Llamó a Hernando de Soto; era vehemente pero tenía la fuerza de carácter para llevar adelante la misión de invitar al Inca. Si Atahualpa no aceptaba, Soto insistiría con la invitación, pero para comer al día siguiente. Soto debía ser pacífico y cortes, cuidando de no caer en cualquier acto de provocación de los naturales, ya que supondría poner al descubierto la capacidad bélica de armas y caballos. Soto llevó como lenguaraz a Felipillo de Tumbes.

Después de que Soto saliera con veinte soldados a caballo y algunos peones, Pizarro se preocupó por su suerte y le ordenó a su hermano Hernando que saliese con otros veinte jinetes para cualquier emergencia.

Pero la iniciativa sería recíproca; llegó ante Pizarro un mensajero del Inca con la autorización para que se usara cualquier edificio de Cajamarca, a excepción de uno alto como una fortaleza, que seguro que era un lugar sagrado. Llevaba también la encomienda de decir que el Inca no podía, de momento, entrevistarse con ellos, porque estaba efectuando un ayuno ritual. Pizarro contestó que así lo haría en cuanto al edificio, pero que la circunstancia del ayuno no le quitaba las ganas de conocer personalmente al Inca, y que ya había enviado un emisario para invitarlo.

El asentamiento de los ejércitos del Inca era toda una ciudadela hecha con tiendas blancas de algodón, que incluso reservaba espacios para plazuelas en medio de calles rectas. Los españoles la atravesaron, asombrados de la calidad del campamento. Al frente de las carpas había siempre guerreros con los brazos cruzados sobre el pecho, y muy a la mano, sus porras, ondas y lanzas.

Soto llegó a un prado de muy buen aspecto. Ahí en medio estaba la estancia del Inca, un palacete de piedras labradas y pulidas donde tomaba sus baños de descanso. Los españoles contuvieron las bridas de sus caballos. Un ejército de cuatrocientos nativos perfectamente armados guardaba el lugar.

El capitán español solicitó hablar con el Inca. Hubo silencio, ninguno de los guerreros nativos se movió siquiera. Apareció un orejón principal para recibir el mensaje y llevarlo al soberano. Los españoles no desmontaron; quietos, esperaron la respuesta durante largos minutos. En eso llegó a galope Hernando Pizarro con otros cuatro jinetes para saber lo que sucedía. Los demás españoles esperaban en la entrada del campamento.

Hernando preguntó a Soto qué era lo que pasaba. Este contestó, con algo de sorna, que les decían que ya salía Atahualpa, pero que este no aparecía. Entonces Hernando le dijo a su intérprete que le dijera al Inca que saliera. El tallan habló, pero nadie reaccionó. Hernando no pudo frenar su carácter, y le gritó al lenguaraz que le dijese al perro que saliera.

Entonces asomó Ciquinchara a la entrada del palacete y se volvió a meter. Hubo un rumor en el interior. Había una cortina instalada a la puerta del palacete, y detrás de ella un asiento muy fino de madera teñida de rojo. Un indio alto caminó hacia él y se sentó. Junto al hombre se acomodó una mujer, y delante hubo otra colocada de tal modo que no le tapaba la cara. El fondo estaba oscuro, y la cortina también restaba visibilidad. Seguro que aquel indio sí podía verlos a ellos perfectamente. Al menos era claro que él estaba allí; era el famoso Atahualpa.

## ENTREVISTA CON EL HIJO DEL SOL

Hernando de Soto y Hernando Pizarro tenían enfrente al monarca de una civilización que se extendía a lo largo de más de dos millones de kilómetros cuadrados y que estaba integrada por una red vial de 23.000 kilómetros. El Tahuantinsuyu se subdividía, para fines administrativos, en cuatro grandes sectores o suyus: Antisuyu, Cuntisuyu, Collasuyu y Chinchaysuyu. Este último, por su denominación, les había generado confusión a

Pizarro y a los españoles, ya que al tratar de llegar a Chincha, que era un emporio comercial, recibían referencias del Chinchaysuyu, que era todo el noroeste del Tahuantinsuyu.

Soto, sin recibir invitación o indicación alguna, avanzó con su caballo a pocos pasos de la cortina que los separaba del Inca. A su lado iba el intérprete tallán. Habló, dijo que era un capitán del gobernador y que este lo enviaba para verle y comunicarle el enorme deseo que tenía de recibir su visita y de comer con él, ya fuera esa misma noche o al día siguiente.

Atahualpa no le respondió ni alzó la cabeza para mirar a Soto. Se dirigió a un orejón principal y a este le habló lo que debía decir. El orejón dijo, en nombre del Inca, que para ese día ya era muy tarde, pero que al día siguiente iría al campamento de Pizarro acompañado de sus soldados.

Hernando Pizarro tomó a desaire los modales de Atahualpa; indignado, vociferó en tono de queja. Entonces, y ante esto, unos servidores del Inca retiraron la cortina por una indicación del soberano. Soto y los demás quedaron impresionados por la majestad de Atahualpa; llevaba los cabellos muy largos y estaba ataviado con ropas de rica policromía, tenía rasgos regulares y unos treinta o treinta y cinco años de edad. Pero lo que más llamó la atención de los españoles fue su mirada: sus ojos enrojecidos ahora sí miraban de frente y expresaban ferocidad.

En el rostro del Inca un detalle despertó curiosidad en los encabalgados. Era un objeto de vivo carmesí que cubría la frente y caía sobre las cejas de Atahualpa. Tenía forma trapezoidal y en un

momento en que el Inca se movió, pudieron notar que era una flecadura de hilo muy fino. Esa era la *mascapaycha* real, el símbolo que tan solo el Inca podía ostentar como Hijo del Sol. Atahualpa, a pesar de no haber sido investido sacramentalmente como Inca, usaba la mascapaycha como emblema de su poder.

Entonces el soberano, ignorando la altanera presencia de Hernando Pizarro, se dirigió solamente a Soto. Le dijo que se volviese y les dijera a Pizarro y a los demás cristianos que iría por la mañana a donde ellos estaban, para que le pagaran el desacato que habían tenido al tomar unas esteras de un aposento donde dormía su padre Huaina Cápac cuando estaba vivo. Y que todo aquello que habían tomado y comido se lo tuviesen para cuando él llegara.

Las mujeres que estaban al lado de Atahualpa se apartaron y volvieron con dos grandes vasos de oro, de un palmo de alto cada uno, llenos de licor de maíz. Hernando Pizarro, incómodo por la actitud del Inca, se hizo traducir en el sentido de que entre él y Soto no había diferencias, que ambos eran capitanes del rey.

Soto intervino, le dijo al Inca que quien le había hablado era el hermano del gobernador y que le contestase, pues había venido a verlo.

Grabado de Atahualpa del siglo XVII. Es la única imagen cercana a los episodios de la conquista, que refleja la dignidad y el temperamento del personaje.

Atahualpa no mostró interés alguno, dijo más bien que Maizavilca le había dicho lo mal que el hermano del gobernador había tratado a los caciques. Hernando se enfureció, dijo que ni el gobernador ni los cristianos trataban mal a los caciques si estos no querían guerra con ellos. El español añadió jactancioso que los cristianos podían hacerle la guerra a los enemigos del Inca y que incluso no era necesario que fueran sus guerreros, ya que diez españoles a caballo eran suficientes para destruirlos.

El Inca solo se sonrió y los invitó a beber. Los españoles trataron de rehusarse temiendo que la chicha estuviese envenenada, pero Atahualpa bebió un sorbo primero y pasó el vaso a los cristianos.

Soto se entusiasmó por efecto del licor, y contra las órdenes dadas por Pizarro, hizo una prueba de equitación. Corrió en línea recta e hizo corvetas con el animal, asustando a los nativos. Luego, contento por el resultado, galopó con dirección al Inca. Corrió y a pocos palmos de embestirlo, frenó a la bestia salpicando al soberano con la saliva espumosa del caballo. El Inca, ante el asombro de los españoles, ni siquiera parpadeó.

Soto reaccionó ante su error. Como desagravio, sacó un anillo de su dedo y se lo entregó al orejón para el Inca. Atahualpa lo vio sin interés, hizo traer más licor y bebieron todos.

Al volver a Cajamarca los emisarios contaron todo. Sobre todo dijeron que Atahualpa tenía presencia de gran príncipe y que representaba mucha grandeza, pero que todas sus demostraciones eran de guerra y que en todo sentido los cristianos estaban en peligro, pues por cada español había más de 400 indios. En total, los recién llegados calculaban que con el Inca no había menos de 40.000 guerreros.

Pizarro se preocupó por las noticias. Se mostró como nunca nadie le había visto, asombrado y consternado. El Inca era más que un caudillo o un guerrero, era un monarca y un estratega. Él debía mantener la idea de capturarlo, pero no sería tan simple como había pensado en un inicio, más aún, ahora era obvio que también Atahualpa tenía sus planes y que no correría riesgos. Tal vez por eso no habían sido atacados durante el trayecto a Cajamarca; el Inca quería asegurarse de aniquilar a todos los cristianos sin exponerse a una derrota. Ahora caía en la cuenta de que todo jugaba a favor de Atahualpa: lo había atraído a una geografía que los españoles no dominaban, pero, además, habían sido llevados ante el corazón del ejército inca.

No, no sería simple ganar la batalla, y si eran derrotados no quedaría un español vivo. Ya no había forma de obtener refuerzos o mayores pertrechos. La hueste no sumaba ni doscientos soldados, así que había que sacarle el mayor beneficio a cada hombre. Pizarro se recompuso, apretó los labios y convocó la junta de capitanes.

La reunión solo le confirmó la gravedad de la situación. Hasta ese momento, sin pretenderlo, habían infravalorado al Inca y sus fuerzas militares. Llegaron a Cajamarca por no mostrar debilidad, pero también habían sido movidos por la soberbia y el exceso de confianza. Los soldados estaban realmente temerosos, y con ese ánimo sería imposible ganar una batalla. Había, pues, que corregir errores.

Terminada la junta, y a pesar de ser ya de noche, Pizarro se reunió con el grueso de la tropa.

Les dijo que confiasen en Dios, pues Él dispone por su voluntad lo que pasa debajo del cielo y encima de él, y que en realidad él estaba alegre de que los infieles estuviesen todos juntos, pues así sería más fácil desordenarlos y desbaratarlos. Así pues, debían estar todos alegres y de buen ánimo, como hombres que tienen la victoria en la mano, con la ayuda de Dios y de su bendita Madre.

Pizarro ordenó el descanso de hombres y caballos, y montó cuatro guardias durante la noche; el cuarto de prima, el cuarto de vela, el cuarto de modorra y el cuarto de alba. Además dispuso dos rondas, una por las calles del pueblo y otra por su perímetro externo. El peligro podía presentarse esa noche.

Los españoles sufrieron toda la noche un descanso sobresaltado o insomnio, las arengas del buen capitán no podían menguar el terror. Los hombres sudaban frío y sufrieron mal de orina, a otros les vino el mal de cámaras o diarreas. A lo lejos, el campamento del Inca, ubicado en la ladera y alumbrado por hogueras, tenía para ellos un aspecto infernal.

Entonces, un nuevo sobrenombre se acuñó en los galpones, era *el buen viejo del gobernador* quien se acercó a los hombres despiertos. Así, mientras ellos aderezaban sus armas sin poder dormir, él les hablaba, elevándoles la moral uno a uno. A cada soldado lo trató afectuosamente de *señor* como si fuera un hidalgo, esa era la mayor muestra de aprecio castrense. Aquel gesto personalísimo hizo que cada hombre sintiese que su valía era irremplazable en ese momento. Los soldados recobraron mucha de su compostura gracias al *buen viejo del gobernador*.

Caminando, hablando con sus hombres y verificando que todo estuviese en orden, Pizarro fue diseñando su plan de batalla. Lo más importante era identificar las fortalezas con las que contaba para la lucha, y pensó entonces que la mayor ventaja se la daba la plaza. Era un espacio grande, alargado y trapezoidal, que estaba en un declive de sur a norte. Estaba totalmente cercada por muros de tres metros y con solo dos portadas de acceso, una hacia el levante y la otra al poniente, más otras tres calles que eran fáciles de controlar. Los galpones permitirían ocultar a los hombres y los caballos. El techo de aquel edificio prohibido por Atahualpa y que finalmente habían usado era el más alto, así que serviría como atalaya y para colocar ahí la artillería.

Pizarro miró nuevamente cada extremo de la plaza. Era realmente posible limitar el número de soldados del Inca que entrarían a ella.

## EL REQUERIMIENTO

Fray Vicente de Valverde ofició la misa. Fue breve, como las que se dicen en alta mar, pero con mucho fervor. En ella, los españoles se encomendaron a Dios suplicándole los tuviera de su mano.

Después Pizarro organizó los emplazamientos. Dividió a los jinetes en tres grupos a cargo de Hernando Pizarro, Hernando de Soto y Sebastián de Benalcázar. Los soldados de a pie fueron repartidos en dos grupos, uno bajo el mando de Juan Pizarro y el otro a su propio cargo. En lo alto de la fortaleza sagrada fue ubicado Pedro de Candia con tres infan-

tes, dos falconetes y dos trompetas. Pizarro también ordenó colocar a los caballos pretales de cascabeles para causar mayor espanto en los indios.

Los jinetes y peones debían permanecer escondidos y no atacar antes de escuchar el grito de *¡Santiago!,* que era la arenga clásica de los españoles durante las guerras de reconquista contra los moros. La orden sería ordenada por Pizarro. Apenas producida la señal, Pedro de Candia debía disparar los cañones hacia el campo enemigo. Veinticuatro hombres fueron destinados a cerrar con talanqueras las tres calles que daban a la plaza, impedir que los guerreros incaicos penetrasen por ellas y evitar que el Inca pudiera escapar. En ese y en todos los casos, debía prenderse con vida a Atahualpa.

Francisco Pizarro colocó a los veinte hombres directamente a su mando en el Amaru Huasi. Esta era una construcción pequeña de forma piramidal que estaba al centro de la plaza y que era usada para ceremonias, sacrificios y como morada real. Pizarro había elegido a los soldados con más temple de carácter, ellos iban a aparecer en medio de las filas incaicas con el solo propósito de capturar al Inca o morir en el intento. Era la misión de mayor riesgo, y Pizarro estaría con ellos, también a pie, y todos sabían que en el peor de los casos su jefe moriría con ellos.

Fray Vicente de Valverde demostró capacidad en los ejercicios militares y buen criterio en las actividades organizativas.

Pizarro asumía directamente y con su vida los mayores peligros de la emboscada. Como había hecho a lo largo de toda su vida, no exigía a los demás algo que él mismo no estuviese dispuesto a llevar a cabo.

Al grito señal de *Santiago,* se sumaría un disparo de arcabuz hecho por uno de los hombres del grupo de Pizarro. Por si las señales no fueran oídas por Candia, desde el centro de la plaza se le haría otra señal agitando una toalla blanca para que disparase el cañón.

El último recuento de la tropa dio un total de 164 soldados. Para elevar el número y subir en algo la moral, el mismo Pizarro se incluyó con sus lugartenientes y capitanes en aquel número. De todos, 63 eran jinetes con sus respectivos animales.

Cuando todo estuvo perfectamente listo y las fuerzas distribuidas, fue la espera la que hizo la agonía de los cristianos. Pizarro no se lo esperaba, el avance del Inca se hizo desde el mediodía y a un ritmo procesional. Los guerreros avanzaban deteniéndose en las orillas del camino para dar paso a otros cuerpos de tropa que hacían lo mismo en un despliegue pausado e impresionante. Desde los galpones y por las rendijas de los techos, los soldados españoles podían observar el cortejo, acrecentando su angustia.

Pizarro se dio cuenta de la estrategia de Atahualpa: iba a la mente de sus hombres, les quería generar terror y ansiedad, las peores emociones a la hora de la batalla. Personalmente recorrió cada punto militar para tranquilizar y aconsejar a sus huestes. Con firmeza, les dijo que hiciesen en sus corazones fortalezas y que al acometer lo hicieran con furia pero sin alocarse, y que los jinetes cuidasen de no estorbarse unos a otros en la arremetida.

Serían las tres de la tarde, y Pizarro temía que les ganase la noche. La marcha lenta del Inca proseguía al mismo ritmo, cuando de pronto, para estupor de los cristianos, la marcha se detuvo y los indios levantaron la gran carpa que albergaba al Inca en sus desplazamientos. Pizarro envió a un tal Hernando de Aldana para hablar con el Inca y reiterar la invitación. Aldana había aprendido un poco la lengua de los indios.

Atahualpa estaba descansando y se mostró irascible y hasta trató de despojar a Aldana de su espada. El español no lo permitió, y los guardianes del Inca amenazaron con quitarle la vida. Atahualpa ordenó que lo dejasen en paz, y de manera displicente le encargó transmitir a Pizarro que esa noche, conforme a lo prometido, cenarían juntos.

Al volver, Aldana pudo referir que los guerreros indios tenían corazas y armas escondidas debajo de sus vestimentas de lana; traían porras, macanas, hondas y piedras. Evidentemente venían con la intención de emboscar a los españoles, pero había algo más, Pizarro pudo apreciar que aquello que había jugado en contra de los cristianos hasta hacía poco, hoy estaba en el lado incaico: el exceso de confianza. Si esto fuera así, los efectos del factor sorpresa podían ser rutilantes.

El desfile procesional de las huestes de Atahualpa reanudó su marcha. Casi al final estaba la litera del Inca. Pedro de Candia fue el primero en deslumbrarse con ella: estaba elaborada de oro y ornamentada con plumas rojas, azules y amarillas de guacamayos y papagayos. Era tanta la decora-

Atahualpa y sus huestes ingresan a la plaza
de Cajamarca.

ción que traía, que parecía un castillo de oro relu-
ciente. El séquito de principales que acompañaban
al Inca en literas menores llevaba patenas de oro
como coronas en las cabezas. Los españoles quedaron anonadados ante el espectáculo.

Al entrar los indios en la plaza de Cajamarca,
el sol de la tarde les dio en la cara. Un grupo entró
por delante para barrer rápidamente el suelo por
donde iba a pasar el Inca. En sus afanes dieron
vuelta al Amaru Huasi donde estaban Pizarro y su
grupo selecto de hombres. Más de un español
apretó los dientes y contuvo la respiración.

El primer escuadrón incaico apareció con
arcos y flechas, cantaban algo que a los cristianos
les pareció más bien infernal. Luego ingresó un
batallón de mil hombres con lanzas de madera a
manera de picas sin hierros. A este escuadrón le

siguieron otros más, siempre con distintos vestidos unos de otros, pero siempre cantando, bailando y haciendo mucha música.

Solo entonces hizo su entrada en la plaza un gran grupo de soldados incaicos vestidos con armaduras, patenas y coronas de oro y plata. Detrás de ellos apareció Atahualpa en su litera de oro y plata. Ochenta servidores cargaban sus andas.

El Inca lucía hierático e inaccesible, llevaba un vestido de ricos acabados, un collar de esmeraldas grandes y una corona de oro en la cabeza. La música sonó en homenaje al soberano, los bailarines reiniciaron eufóricos sus festejos. De pronto, la multitud de hombres lanzó un grito ensordecedor al Inca, señor de los Cuatro Suyos.

En el centro de la plaza, Atahualpa ordenó a sus cargadores que se detuvieran. No veía un solo español en Cajamarca. El Inca se veía frustrado y disgustado. Llamó a Ciquinchara y le preguntó. El orejón solo atinó a explicar que los hombres de barbas estarían escondidos del miedo, sus capitanes parecieron reiterarle lo mismo.

En ese momento, del Amaru Huasi salió un hombre barbudo con una túnica blanca y negra. Nadie lo anunció, de manera directa fray Vicente de Valverde se encaminó decidido, atravesando las huestes incaicas, llevando una cruz en la mano derecha y un libro en la izquierda.

El fraile habló. Atahualpa le dejó expresarse y hasta se sentó a escucharlo. Con la ayuda de un intérprete, Valverde inició el requerimiento de rigor. Dijo ser sacerdote de Dios y que enseñaba a los cristianos las cosas de Dios, y que por ello había venido a enseñarle al Inca y a los suyos todas aquellas cosas.

El Inca le pidió el libro a Valverde, era un breviario romano. Trató de abrirlo por el lomo, y al no poder hacerlo, Valverde quiso ayudarlo. Atahualpa apartó de un golpe el brazo del religioso. Por fin abrió el libro y pareció no sorprenderse al ver la palabra escrita sobre el papel, arrojándolo con desprecio a cinco o seis pasos. Luego Atahualpa fijó su mirada en el dominico y le habló fuerte, mostrando su cólera: le dijo que bien sabía lo que los cristianos habían hecho por el camino, cómo habían tratado a sus caciques y cómo habían tomado ropa de los bohíos.

Valverde se excusó, diciendo que aquellas cosas las hacían los indios cargadores que los acompañaban, sin que lo supiese el gobernador. Atahualpa no cejó en su ira y se puso de pie en su litera. Le dijo a Valverde que no partiría de ahí hasta que le llevaran la ropa de vuelta. .

El sacerdote recibió el libro del lenguaraz que corrió a recogerlo, y ambos volvieron deprisa al Amaru Huasi. Valverde le dijo a Pizarro que Atahualpa estaba hecho un Lucifer, que había arrojado los Evangelios por tierra y prometió la absolución para los soldados que salieran a combatirlo. De no ser así, les dijo, nadie salvaría la vida.

## LA MASACRE DE CAJAMARCA

Eran las cinco y media de la tarde del 16 de noviembre de 1532. El disparo de arcabuz, a manera de señal, resonó en el Amaru Huasi, en el centro de la plaza. Un soldado agitó la toalla blanca, y segundos después se oyó el sonar de las trompetas como lúgubre anticipo del disparo del falconete.

Pizarro salió al frente de su grupo de hombres con una formación en cuña. Llevaba puesto un sayo de armas de algodón, la cabeza cubierta por una celada borgoñota e iba armado con una espada en la diestra y una adarga en la siniestra.

Soto y su escuadrón de caballería invocaron con gritos a Santiago e irrumpieron en la plaza, cargando y embistiendo contra los guerreros del Inca. Estos no tuvieron ni tiempo ni forma de sacar sus armas, y al quedarse paralizados fueron atravesados por las lanzas españolas. Los caballos derribaban indios, pisoteando y destrozando sus cuerpos. Los soldados del Inca no sabían cómo enfrentarse a esa arma de guerra; corrían tratando de llegar a las portadas de la plaza, pero estas estaban cubiertas por más encabalgados. El cuadro era infernal, los nativos terminaban vomitando sangre, moribundos bajo los cascos de los equinos.

Los jinetes aguijaban sus animales, los cráneos destrozados de los indios y los vientres atravesados dejaban desparramados sus contenidos. Los únicos inmutables eran los cargadores de las andas del Inca. Atahualpa se veía desconcertado, estaba de pie en su litera, con aire perturbado miraba el desastre a uno y otro lado con los brazos inmóviles y sin atinar a nada.

Pizarro se acercaba a su objetivo, el Inca. Con la espada desenvainada propinaba estocadas mortales a los naturales, abriéndose paso rápidamente. Sus soldados se retrasaron y se quedó solo con cuatro hombres, con quienes siguió avanzando en medio de cuerpos desmembrados. Luego, los veinte se reagruparon a su lado y avanzaron más en regla.

Ahí estaba el Inca en lo alto. Pizarro y sus infantes atacaron la litera real. Los indios lucanas no se defendieron ni se movieron. Pizarro y sus hombres los atacaron atravesando sus vientres con la espada, pero así caía uno, aparecía otro indio a ocupar su puesto.

A Pizarro no le pareció bien matar así a esos hombres que no osaban defenderse, y ordenó darles un tajo en las muñecas para que soltaran las andas. Pero la brutalidad del momento no permitió calcular la fuerza del golpe, y los soldados terminaron cercenando manos y brazos. Aún así, el acto fue inútil, los cargadores se valían de sus hombros y muñones sangrantes para seguir en su lugar.

Detrás de los caballos apareció la infantería. Juan Pizarro mandaba el centro de la avanzada, y Cristóbal de Mena y Juan de Salcedo comandaban las alas. Juan Pizarro llegó hasta la litera del curaca de Chincha, y lo mató. Las trompetas seguían sonando, y el falconete disparaba hacia los extremos de la plaza, ahí donde los indios corrían en retirada.

La hamaca que llevaba al orejón Ciquinchara estaba detrás del curaca de Chincha. Los españoles llegaron hasta él y le abrieron el vientre con sus espadas. Los caballos eran aguijoneados sin piedad por sus jinetes, y relinchando y escupiendo espuma se habían transformado en monstruos de ferocidad inagotable. Decenas de indios se fueron encaramando unos sobre otros para pasar por encima de uno de los muros del extremo de la plaza. Los cuerpos asfixiados de unos sirvieron como base

Pizarro trata de mover la litera de oro que lleva
a Atahualpa.

para otros que trataban de escalar la pared, cuando
de pronto el muro cedió y se derrumbó. Hasta allí
llegaron los caballos para rematar a los indios heridos y masacrar a los supervivientes.

En el centro de la plaza, Pizarro y sus hombres
lograron mover en algo la litera del Inca. Este
seguía de pie mirando a uno y otro extremo de la
plaza, como no creyendo en ese espectáculo de
cientos de sus hombres mutilados y sin vida. El
anda principal estaba prácticamente sostenida por
ese cúmulo de cargueros muertos; el Inca hizo un
gesto como queriendo dar órdenes, pero no sabía
quién pudiese escucharlo. Los españoles seguían
invocando a Santiago en cada arremetida, y las
trompetas no cesaban.

Siete de los hombres de Pizarro se aferraron a
la litera principal y lograron un movimiento mayor

del palanquín. Ahora sí, la litera parecía estar a punto de caer. Atahualpa, de nuevo trató de decir algo a sus cargadores, pero estos lo estaban sosteniendo con sus propios cadáveres. Pizarro entonces lo tomó del brazo izquierdo, y Miguel Estete le arrancó la mascapaycha. Pizarro vio que sus hombres levantaban sus espadas para acabar con el Inca, y ordenó de un grito que nadie lo hiciera so pena de su vida. Fue tarde, una cuchillada se descargó contra el Inca, hiriéndole la mano derecha.

En ese trance llegaron hasta la litera tres jinetes. Uno de ellos encabritó a su animal y logró que pusiera sus patas anteriores a un lado del ya inclinado palanquín para derribarlo. Atahualpa no mudó de actitud, y tranquilamente esperó el final.

Un grupo mayor de españoles se sumó a la tarea, y al fin derribaron la litera. Pizarro trató de sujetar al Inca, pero sólo alcanzó a cogerlo de sus cabellos y ropas, no pudiendo evitar la caída. Atahualpa, el Hijo del Sol y Señor del Mundo, estaba en el suelo. Los soldados hicieron rueda alrededor del soberano, y Pizarro se acercó a él y lo ayudó a levantarse.

El soberano apresado fue conducido hasta el Amaru Huasi, ya que era el lugar más seguro. Para proteger su vida, fue cubierto por las rodelas de los hombres del grupo de Pizarro.

Los jinetes de Soto se ensañaron con los indios principales, estos tenían las libreas con escaques color morado. Todos fueron traspasados por las lanzas, sumando su sangre a los grandes charcos que ya inundaban la plaza. Hernando Pizarro, que luchaba en otro sector, cayó al suelo por culpa de un traspié de su caballo; unos soldados le socorrieron y lo dejaron a buen recaudo en uno de los galpones.

La masacre se prolongó durante dos horas. A la primera media hora el Inca había sido capturado. Soto siguió persiguiendo a los curacas por el campo; seguido de sus hombres, los lanceó por la espalda cuando trataban de escapar.

Caía la noche y había empezado a llover cuando Hernando Pizarro, ya consciente, y fray Vicente de Valverde alcanzaron a Soto. Le dijeron que por encargo del gobernador debían recogerse: ya era tarde, y Dios les había dado la victoria. Soto se fastidió, replicó que era muy contrario al arte de la guerra cesar la persecución de los vencidos. Hernando insistió, pero Soto no le hizo caso, alejándose con sus jinetes y dejándolo desairado.

Atahualpa, cautivo en el Amaru Huasi y con las ropas reales desgarradas, se veía molesto, pero mantenía su majestad. Pizarro le entregó ropa india simple que los soldados habían recogido del campo. Luego trató de apaciguarlo, le dijo que no debía tener por afrenta el verse preso, pues los cristianos, siendo pocos en número, habían sujetado más tierras que las del Inca y vencido a señores mayores que Atahualpa, y que debía tener por ventura no haber sido desbaratado por gente cruel como el Inca.

Pizarro le dijo que los cristianos usaban la piedad con sus enemigos, y puso por ejemplo de su buen actuar a Tumbalá y Chilimasa, y dijo también que el Inca estaba así porque vino con ejército de guerra y echó por tierra el libro donde estaban las palabras de Dios.

El Inca contestó que había sido engañado por sus capitanes, que le dijeron que no hiciera caso de los españoles, ya que su intención era haber ido en son de paz, y los suyos no le dejaron. El diálogo se cortó, era de noche y Pizarro hizo disparar la artillería y tocar las trompetas para recoger a sus soldados.

Pizarro estaba muy satisfecho, realmente alegre por la victoria. Se sentía enormemente orgulloso por sus hombres y feliz con el resultado de su estrategia. Una vez capturado el Inca, los miles de soldados del soberano que no habían podido entrar a la plaza se habían dado a la retirada.

El balance era abismal. Por el lado de los indios había dos mil muertos, y por el lado hispano solo un caballo herido. Entonces Pizarro habló a sus hombres, tratándolos de nuevo como señores. Les dijo que debían dar gracias por el gran milagro que Dios había hecho, que descansasen, pero que había que hacer buena guarda de velas y ronda, de manera que estuvieran preparados ante cualquier acto de los naturales. La tropa vitoreaba exultante de alegría.

Pizarro fue a cenar, pero invitó a su mesa a Atahualpa, tratándolo como a su igual. Era medianoche, y Pizarro vio al Inca pensativo, así que le dijo que no debía tener pesar, porque los cristianos no habían nacido en su tierra y porque por allí por donde habían pasado habían encontrado muy grandes señores a todos los cuales, por paz o por guerra, hacían amigos y vasallos del emperador de España.

Atahualpa le respondió que no estaba pensativo por eso, sino porque él había pensado prenderlo y le había salido al contrario. Luego acotó que eran usos de la guerra, el vencer o el ser vencido.

Esa noche llovió con fuerza en Cajamarca. Fue una noche de muertos insepultos, truenos y relámpagos.

## EL TESORO OFRECIDO

Al mediodía siguiente a la masacre, los soldados españoles que montaban guardia en Cajamarca vieron la enorme masa humana avanzar hacia la ciudad.

De inmediato, un hombre le dio cuenta a Pizarro de la amenaza. En efecto, unos 10.000 indios se acercaban sin pausa al bastión cristiano. El gobernador dio la orden de tomar las armas cuando de repente vieron en medio de aquella muchedumbre nada menos que a Soto y los jinetes que con él habían sido enviados al campamento inca de Pultumarca. Todos hacían visibles señales amistosas a sus compañeros.

Pizarro quiso asegurarse de que aquellos indios venían en paz. Se adelantó con un grupo de hombres al encuentro de Soto, y verificó que era cierto que los naturales se habían hecho prisioneros por voluntad propia, ayudando a cargar el enorme botín hallado en el campamento de Atahualpa. Un cargamento de metales preciosos que sumaban 80.000 pesos de oro, 7.000 marcos de plata y 14 marcos de esmeraldas.

Los objetos eran piezas soberbias, grandes platos, ollas, cántaros y copones de oro y plata. La manufactura de cada objeto era primorosa, evidenciaba una técnica de orfebrería que dejó maravillados a los hispanos. Había sido tal el volumen del tesoro que Soto y sus treinta jinetes habían querido tomar cautivo a un contingente de indios que estaba en el campamento. Pero en señal de paz, los naturales rompieron porras, hachas, picas y lanzas, quebrándolas al pie de los españoles. Al final, Soto no había podido impedir que todos los hombres y mujeres los siguieran, la mayor parte con las manos vacías.

Pizarro hizo llamar a uno de sus tallanes intérpretes y se dirigió a la multitud; les dijo que Atahualpa estaba vivo y sano, pero prisionero. Los indios reaccionaron con aparente indiferencia. Pizarro vio que era gente inofensiva y ordenó liberarlos. Varios soldados le sugirieron mejor matar a todos, o por lo menos cortar la mano derecha de los hombres para evitar un ataque posterior, pero Pizarro no los oyó. Solo permitió que sus soldados tomasen a aquellos indios que fueran útiles para llevar carga.

Pero no solo los hombres eran útiles, entre las mujeres muchas eran jóvenes y bellas. Los soldados le dijeron a Pizarro que necesitaban indias para que preparasen sus comidas y les curasen sus futuras heridas de guerra. El gobernador aceptó que sus hombres cubriesen sus necesidades, simulando creer sus pretextos.

Una a una, las nativas más hermosas eran tomadas por los conquistadores. A Pizarro le sobrecogió la docilidad de todos aquellos indios. Preguntó a sus intérpretes, y tras algunas averiguaciones entendió: aquellos indios e indias eran realmente partidarios de Huáscar, cautivos por el ejército de Atahualpa para tenerlos a su servicio. Por eso consideraban a los españoles como gente del cielo que había venido a liberarlos.

La escena de los partidarios de Huáscar fue pública, y la reacción de Atahualpa no se hizo esperar. A través de uno de los lenguaraces tallanes, hizo llamar a Pizarro para decirle algo muy importante.

En 1880 Charles Wiener viajó a Cajamarca e hizo este registro del palacio en donde estuvo cautivo Atahualpa.

Pizarro acudió, saludando al prisionero real con gentilezas y cumplidos, los mismos que fueron recíprocos por parte del Inca. Entonces Atahualpa, esperando un momento adecuado, le habló de su guerra fratricida, de la prisión de Huáscar y la toma de la ciudad del Cusco por un ejército de 40.000 de los suyos. Le confesó que pretendía su libertad, regresar a Quito para terminar la reedificación de la ciudad de Tumebamba y castigar a sus opositores.

Antes de que Pizarro pudiera objetar nada, Atahualpa continuó hablando de su estado, causado por los españoles, y le dijo que él bien sabía lo que ellos buscaban. Pizarro quiso abreviar y le contestó que la gente de guerra no buscaba otra cosa que no fuera oro. Atahualpa hizo una pausa, y asintiendo presentó una gran oferta: les daría a los cristianos un recinto de veintidós pies de largo y diecisiete de ancho, repleto de oro hasta una raya blanca que estuviese a la mitad entre el piso y el techo; esto es, estado y medio de altura. Además, daría dos veces el tamaño de aquel bohío, pero con plata.

El plazo que dio Atahualpa para cumplir con su promesa era de sesenta días, al cabo de los cuales él recuperaría su libertad a cambio del tesoro ofrecido. El Inca, para eliminar sospechas, prometió solemnemente que sus palabras no encubrían engaño.

Pizarro no contestó. Salió y se reunió con sus capitanes para deliberar en torno a la propuesta. La respuesta de sus hombres fue afirmativa. Entonces volvió ante Atahualpa, pero acompañado de un escribano y de su intérprete. Ante ellos el Inca formalizó su ofrecimiento.

A la semana empezaron a llegar a Cajamarca largas caravanas de llamas con vasos y botijas de oro. Junto con los aportes, arribaban también curacas para visitar al Inca. Todos se colocaban un bulto o peso en la espalda como símbolo de sumisión, acercándose a Atahualpa descalzos y con gran acatamiento. El Inca no miraba de frente a sus vasallos, se mantenía quieto y sentado en el banquillo de madera colorada, que era símbolo de su dignidad y autoridad.

Sin embargo, con los españoles e incluso con sus carceleros, el Inca era jovial y accesible, aunque sin renunciar jamás a su majestad. Para comer, vestir y todos sus quehaceres, el soberano era asistido por múltiples súbditos que Pizarro había autorizado que estuvieran a su lado. De las viandas con las que era servido, las mujeres le acercaban el plato de oro que él señalara y se lo sostenían hasta que hubiera terminado. Si algo ensuciaba sus ropas, era cambiado de inmediato siempre con finas prendas, elaboradas incluso con alas de murciélago.

El Inca, en la práctica, mantenía el control sobre el Tahuantinsuyu. En un patio al lado de su prisión, numerosos curacas esperaban su turno para conferenciar con él y recibir instrucciones de gobierno. En sus gestos, se mantenía siempre hierático y calmo, grave al hablar, sonriendo sólo de manera burlona o incrédula, como para desconcertar a su interlocutor.

Atahualpa se mostraba con tal majestad y era a la vez tan afable y buen conversador con los cristianos, que se ganó el aprecio de Pizarro y la amistad de Soto, quien incluso le aseguró que no permitiría que alguien le hiciese daño. El mismo Hernando Pizarro simpatizó finalmente con Atahualpa, dándole también seguridades para su vida. La relación de respeto y simpatía se extendió hasta con el alcaide de la prisión, Ruy Hernández Briceño, quien permitía muchas cosas para que se distrajera, aprendiendo el Inca el juego de ajedrez y el manejo de los dados.

El único español con quien Atahualpa no llevaba una buena relación era con Fray Vicente de Valverde. El religioso trataba de evangelizarlo, demostrarle que no era Hijo del Sol y que era pecado ante Dios tener trato carnal con tantas mujeres como él tenía. Para el Inca, Valverde era un sujeto impertinente, y no le hacía caso.

Pero, por otro lado, la hueste se impacientaba por la lenta progresión en la acumulación del tesoro. Ni los cálculos más optimistas auspiciaban

Atahualpa en cautiverio según la iconografía de Aquiles Deveria. La europeización estética de las naturales resulta anecdótica.

que se fuera a cumplir la promesa del Inca. Atahualpa supo de estas quejas y pidió la presencia del Apo, que era la forma en que se refería a Pizarro. Al llegar, le propuso que él mismo enviase a sus cristianos a por el oro, primero a un gran templo que se hallaba en la costa y luego a la sagrada ciudad del Cusco.

El gobernador dudó. Era demasiado el riesgo de enviar soldados a regiones lejanas. Más aún, nadie garantizaba que en el Cusco se respetase la autoridad de Atahualpa. Los sacerdotes del Cusco y todo el sur respaldaban a Huáscar, enviar hombres era ciertamente temerario. Pero el Inca insistió. De manera casual, el gran sacerdote de Pachacamac, el santuario de la costa, estaba en Cajamarca; él acompañaría a los cristianos.

Pizarro hizo nuevamente junta de capitanes. A pesar del peligro que implicaba, la ambición de los españoles pudo más. Hernando Pizarro saldría hacía Pachacamac con una delegación y en compañía del gran sacerdote. Para el Cusco no había voluntarios, el mismo Pizarro no quiso arriesgar a sus capitanes.

Pizarro se sorprendió al notar que Atahualpa trataba de manera irreverente al sacerdote de Pachacamac. A la sazón, Pachacamac y su oráculo eran muy respetados desde hacía más de 500 años. El Inca le explicó a Pizarro que Pachacamac no era su Dios y que era mentiroso. Mintió al indicar que para sanar a su padre Haina Capac debían sacarle al Sol, y sin embargo murió; mintió al decir que entre Huáscar y él vencería Huáscar; y mintió al predecir que él triunfaría sobre los cristianos. Atahualpa concluyó que por ser mentiroso Pachacamac no era un Dios.

El gobernador se sorprendió del razonamiento del Inca, le dijo que en realidad podía ver que Atahualpa sabía mucho y era listo. El Inca no se inmutó con la lisonja, simplemente respondió que los mercaderes sabían mucho y él estaba haciendo el papel de mercader, pues trataba de intercambiar su libertad por oro.

Pizarro se quedó sin nada que decir. Atahualpa tenía ciertamente la dignidad de un rey. Se dirigió hacía la plaza y despidió a su hermano Hernando. Era el 5 de enero de 1533.

En cuanto al Cusco, al fin se ofrecieron tres hombres de bajo rango: Pedro Martín Bueno, rudo maestre de navío; Pedro Martín de Moguer, mediocre y poco escrupuloso soldado; y Juan de Zárate, de oscuros antecedentes. Partieron al sur, cargados por los indios en cómodas hamacas, el día 15 de febrero del mismo año.

Las dos misiones habían partido a regiones hasta entonces ignotas. El Inca había ganado un valioso tiempo de vida hasta que se juntara el tesoro, y gozaba del favor de Pizarro y sus principales capitanes. Pero Atahualpa también se complacía en beber chicha en el cráneo cubierto de oro de un hermano suyo, sorbiendo del canuto de plata incrustado en la boca.

# 5

# Al ombligo del mundo

Atahualpa le dijo a Pizarro que había ordenado que le enviasen preso a su hermano Huáscar para que el Apo pudiera conocerle. Era de noche, y la cena había terminado. Como una suerte de tradición, Pizarro invitaba al Inca a comer todos los días; era una costumbre vigente desde la primera noche del cautiverio de Atahualpa. Por lo regular, los diálogos parecían más una partida de ajedrez que una cena social; cada palabra tenía una intencionalidad ulterior. Por ello, Pizarro reaccionó de inmediato. Encaró directamente al Inca, le dijo que no osara tocar la vida de su hermano, pues en ese caso se daría Dios por ofendido y lo mismo el emperador don Carlos. Pizarro fue mas allá, le dijo que mirase bien cómo procedía porque no habría perdón para su vida si él llegaba a quitársela a su hermano.

Ante esta reacción Atahualpa le respondió calmo, le dijo que de haber querido matar a Huáscar lo habría hecho hace mucho, y que se comprometía a comunicarle la proximidad de su hermano, para que ambos pudiesen verlo entrar sano a Cajamarca.

En realidad Pizarro y Atahualpa tenían planes muy distintos con relación a Huáscar. Pizarro pensaba confrontar a los dos hermanos en una investigación de carácter jurídico, para determinar a cuál de los dos le correspondía el trono. El perdedor sería puesto en una suerte de libertad vigilada y el ganador se ceñiría legítimamente la mascapaycha, siempre que se declarase vasallo del emperador de España.

Atahualpa, en cambio, veía en Huáscar una amenaza. Una alianza entre Huáscar y Pizarro le daría a este último el control absoluto. Los cristianos ya tenían el dominio del chinchaysuyo, esto es, el noroeste; un acuerdo con Huáscar les daría el dominio del corazón del Tahuantinsuyu. Poco importaba que el Cusco estuviese ahora en control de su general Quisquis, los cristianos lo tomarían y se cumpliría, ahora sí, la profecía de Pachacamac en relación a Huáscar.

Tras varios días tranquilos, una noche en que Pizarro invitó a comer a Atahualpa lo encontró sollozante y muy acongojado. Le preguntó, impactado, por la razón de su estado. Atahualpa se negó a hablar hasta que Pizarro se lo ordenó. Entonces le dijo que estaba así porque el Apo le iba a matar. Pizarro insistió, no le mataría, pero quería que le dijese lo que había. Entonces el Inca le dijo que el Apo le iba a matar, porque sus capitanes, sin él saberlo, habían matado a Huáscar.

Pizarro no podía creerlo y estaba consternado. ¿Era cierto que el indio estaba muerto? Atahualpa seguía en su congoja. Pizarro se apiadó y le dijo que no temiese por su vida, ya que otros habían matado a Huáscar sin que él lo supiese, y que por tanto no le haría mal ni le mataría.

Todo había sido un ardid. Atahualpa quiso medir la reacción de Pizarro ante un eventual asesinato de Huáscar. Seguro de que podía proceder sin temer por su vida, dio la orden.

Pizarro supo de la muerte de Huáscar. También que se había producido con posterioridad a cuando a él se le había notificado. Atahualpa le había puesto un señuelo, y él había caído. De haberse mostrado inflexible ante la supuesta muerte de Huáscar, Atahualpa no lo habría mandado asesinar. Aunque, justamente por haberse dado el engaño, él podía estar seguro de la autoría del crimen.

Conjuntamente con la noticia inequívoca del asesinato de Huáscar, llegaron noticias sobre su muerte que resultaban monstruosamente imprecisas. Se supo que había sido lanzado vivo desde un barranco, y que su cuerpo destrozado se había perdido en las aguas del río Andamarca. Otros decían que los asesinos habían troceado su cuerpo y que habían devorado una parte. Había versiones de que Huáscar había sido quemado para que no quedara huella de su cuerpo. Todo esto lo supo Pizarro cuando recibió a Maita Yupanqui y Huamán Tito, hermanos paternos de Atahualpa, que le solicitaron autorización para entrevistarse con él.

Pizarro dio el permiso, pero no tuvo remilgos en advertir luego a los dos príncipes de sangre que no regresasen a su lugar de origen, pues podían ser asesinados en el camino. Los dos hombres se empecinaron en salir, y poco después se supo que ambos habían sido atacados y muertos en la ruta.

Los últimos sucesos mortificaron mucho a Pizarro. Sus planes con Huáscar se habían desbaratado, y Atahualpa demostraba tener mucho más control que el visto en sus audiencias publicas con los curacas. Estaba claro que el Inca tenía una buena red de espías. Sin embargo, Pizarro no podía negar que simpatizaba con el cautivo. Aquel hombre se expresaba con majestad y representaba aquella magnífica civilización, lo que le inspiraba un respeto y admiración que lo movían al aprecio por Atahualpa. Y para Pizarro aquella suma de afectos era lo más parecido a la amistad.

Pero había algo más que lo acercaba a Atahualpa. El Inca era un soberano analfabeto y bastardo. Ambos eran las cabezas visibles de dos mundos lejanos, y los dos ignoraban las letras y habían sido desplazados de su familia paterna. Pero en medio de aquellas reflexiones se produjo la llegada inesperada del mismísimo Diego de Almagro.

El 25 de marzo de 1533 Almagro llegó a Cajamarca. Desde diciembre del año previo, Pizarro supo de la presencia de su socio. Este último había hecho buen uso del oro que Pizarro le envió desde Coaque, y había mandado construir un gran navío para embarcar los 120 y 84 caballos hombres que había logrado reclutar. La tropa era oportunísima

La presencia de Almagro generaría una corriente de opinión a favor de la ejecución de Atahualpa, sin embargo la decisión final siempre estaría en Pizarro.

desde un punto de vista militar, pero desde hacía meses venía generando recelos y diversas versiones.

Del lado de Pizarro se dijo que Almagro venía para hacerse con una gobernación propia en el norte de Piura y Cajamarca. El mismo Rodrigo Pérez, secretario de Almagro, había escrito a Pizarro confirmándole lo mismo. Pérez confesó bajo tortura y fue colgado del mástil de uno de los barcos de Almagro. La situación era delicada. Del lado de Almagro se hablaba de que Pizarro pensaba matarle y quedarse con los refuerzos sin el estorbo del socio.

Pizarro decidió allanar el camino. Primero envió dos emisarios en busca de Almagro, con cartas muy corteses para con su socio y su hueste. Luego preparó un recibimiento con honores para los recién llegados. Dio resultado. Almagro se mostró de buen talante. Se abrazaron. Pizarro se veía otra vez como aquel viejo soñador que aquella tarde lejana de 1524, alrededor de una mesa y tomándose un vino, acordara con Hernando de Luque y con él la empresa del levante.

Los dos hombres sonrieron efusivos bajo el signo de la victoria, y los soldados vibraron orgullosos de la sangre hispana. Los socios vieron, el uno en el otro, los años de pesares e infortunios reflejados en sus rostros, en sus carnes magras y en sus cuerpos envejecidos. Pero el éxito era inminente y mucho mayor que el mejor de los sueños.

Ya en privado, Pizarro hizo un relato exhaustivo de los sucesos, en particular de lo acontecido en Cajamarca. Almagro, por su parte, le contó a Pizarro el muy delicado estado de salud de Luque. De hecho se esperaba lo peor. Al fin, para Almagro quedó claro que ni sus hombres ni él mismo participarían del tesoro del rescate de Atahualpa. La gesta de la captura del Inca merecía, de hecho, un reconocimiento especial, y aquel Imperio prometía mucho más oro que el ofrecido por Atahualpa. Almagro y el tesorero Riquelme, que había llegado con él, mostraron interés por conocer al Inca. Pero para Almagro, Atahualpa era solo un prisionero en extremo peligroso, un enemigo. La actitud de Riquelme fue similar y guardó su distancia, mientras Almagro observaba al Inca con insistencia, frunciendo el único ojo de su cara.

También Almagro y sus hombres pudieron ver el tesoro que se venía acumulando día a día. Para aquellos soldados, su participación en el reparto del rescate era obvia, ya que gracias a ellos se disuadía cualquier ataque de los indios. En cambio, para los hombres de Pizarro, Soto y Benalcázar, ellos debían ser los legítimos y únicos beneficiarios, ellos se lo habían ganado en el campo de batalla.

Pizarro logró calmar un poco los ánimos, prometiendo una participación, aunque menor, en beneficio de la tropa de Almagro. Pero el escenario era claro: mientras Atahualpa estuviese vivo, todo el oro y la plata irían para el rescate, y esto perjudicaba directamente a los de Almagro.

También para Atahualpa fue muy claro el mal final que le deseaban aquel hombre tuerto y aquellos que con él venían.

## El oro del rescate

Era mediado del mes de junio de 1533, cuando Pedro Martín Bueno y Pedro Martín de Moguer llegaron a la ciudad de Cajamarca. Días antes, había llegado Juan de Zárate llevando un adelanto del botín obtenido y las primeras relaciones de la ciudad del Cusco. Por eso los españoles, ansiosos, esperaban la llegada de la caravana.

Los anónimos soldados que habían aceptado la misión a la capital imperial hicieron una entrada triunfal. Cargados en comodísimas literas, emulaban la regia presencia de los nobles romanos. Con ellos, una multitud de doscientos cargadores indios portaba grandes planchas de oro fino de tres o cuatro palmos de largo junto a cántaros y diversos objetos de uso cotidiano y adornos, hechos todos con el metal precioso. Luego llegaron 25 cargas de plata y 60 de oro bajo. Los españoles de Cajamarca estaban eufóricos ante aquella montaña de oro, era algo nunca visto ni posible de imaginar.

Pizarro no ocultó su satisfacción. Felicitó y dio públicamente las gracias a los tres hombres por el oro obtenido gracias al valor de aceptar la misión y por la relación escrita que traían de aquella tierra tan rica. En efecto, Juan de Zárate había realizado la descripción de la enorme ciudad, a la que habían llegado tras dos semanas de viaje. La recepción de la que fueron objeto fue incomprensible a sus ojos: cientos de indios prorrumpieron en grandes fiestas y bailes, las calles habían sido decoradas para ellos y muchos hombres cayeron a sus pies en cuclillas, arrancándose las cejas y pestañas y soplándolas al viento. Los tres españo-

Imagen del Intihuatana de Pisac (Cusco), tomada por
George Squier en su viaje de 1863 a 1865.

les ni entendieron ni podían creerlo; al fin no
pudieron contener la risa y de la manera más rápida
tomaron contacto con el general Quisquis, jefe de
las tropas de Atahualpa que ocupaban el Cusco.

Con las licencias otorgadas por el Inca y la
anuencia a regañadientes de Quisquis, los españoles
procedieron a tomar el oro de donde se les permitió.
En particular, el tesoro fue tomado de un sector del
templo principal, el coricancha, que de esquina a
esquina tenía trescientos cincuenta pasos y de los
que desclavaron setecientas planchas de oro.

En cuanto a la ciudad del Cusco, era tan
grande y magnífica como se había dicho, y sus
calles estaban muy bien concertadas y empedradas.
Los edificios eran de estupenda factura de piedra
pulida, aunque no habían podido ver todo lo que en
ellos había, pues no se les había permitido. En

cuanto a su alojamiento, los tres hombres habían pasado las noches en el acllahuasi de la ciudad, disfrutando a sus anchas de las relaciones carnales con las hermosas jóvenes consagradas.

Pizarro hizo traer una balanza romana y pesó el oro delante de todos. Pero mientras desfilaban las monstruosas piezas de metal, Pizarro pensaba más allá. La recepción de sus soldados en el Cusco era un enorme gesto a su favor. Era obvio que en la ciudad imperial interpretaban la presencia española como una ayuda de sus dioses a favor de Huáscar y en contra de Atahualpa. Por otro lado, él había logrado mantener al mejor nivel las relaciones con Atahualpa y sus curacas afines para tener el norte del Imperio a su favor. El juego le había salido perfecto, pero no podía mantenerlo de un modo indefinido, tendría que tomar un partido definido en algún momento.

Eran lo menos 600 arrobas de oro fino. El gran cargamento se sumaba al tesoro traído por su hermano desde Pachacamac, días atrás. Hernando Pizarro no había tenido tanto éxito, los sacerdotes del famoso santuario escondieron gran parte del oro y solo consiguió veintisiete cargas de oro y dos mil marcos de plata. Pero más que eso, era muy útil la descripción que había hecho del camino inca, de la costa y del inmenso territorio que abarcaba el Tahuantinsuyu. Además, había logrado un tesoro mayor, la captura del famoso general Calcuchímac.

Hernando Pizarro había recibido noticias de la presencia de Calcuchímac en Jauja, la tierra de los huancas. También supo que el indio iba con 35.000 guerreros a rescatar al Inca y a acabar con los cristianos, pero había tenido que desviarse para aplacar una rebelión de los huancas, renuentes miembros del Tahuantinsuyu que eran protagonistas de frecuentes levantamientos en los Andes centrales. Cuando Hernando llegó a Jauja fue bien recibido por los lugareños, pero la ciudad ya había sido escarmentada: la plaza mayor estaba repleta de picas de madera con las cabezas, lenguas y manos de los huancas vencidos.

Hernando, con la ayuda de los altos emisarios de Atahualpa que lo acompañaban, logró persuadir a Calcuchímac para que lo acompañara a Cajamarca. Ahí, el gran general se descalzó, tomó una carga mediana sobre sus hombros en señal de sumisión y se acercó al Inca con mucha ternura y llorando. Calcuchímac besó el rostro, las manos y los pies de Atahualpa. El Inca, como era normal en su proceder, no le prestó la más mínima atención.

Los jinetes de Hernando, por su parte, se mofaban ante sus compañeros de que al ser necesario herrar a los caballos, los indios les habían hecho herraduras de plata y de oro. Así de abundantes eran los metales preciosos obtenidos.

Pero la presencia de semejante tesoro también agudizó los celos de los hombres de Almagro y sembró mayores disputas. Circularon acusaciones contra los hombres de Cajamarca, en el sentido de que robaban con frecuencia piezas del botín y de que así jamás se completaría el rescate. La situación era cierta, y el plazo ofrecido por Atahualpa ya estaba largamente vencido, aunque las cargas de oro y plata seguían llegando.

Pizarro sintió que la presión para proceder al reparto era incontenible. Además aparecieron noticias de supuestos ejércitos del norte del Imperio que amenazaban las posiciones españolas. El mismo curaca de Cajamarca alertó a Pizarro sobre doscientos mil guerreros y treinta mil caribes que comían carne humana que venían al mando de un gran general quiteño de nombre Rumiñahui. Para Pizarro, la estadía en Cajamarca se tornaba peligrosa, era necesario el avance de la tropa de conquista, y para ello era necesario el reparto.

El bando se hizo público el 17 de junio de 1533, Pizarro no consignó el cumplimiento del rescate ya que este no se había dado, y tampoco anunció la liberación del Inca. El día 18 se procedió a separar el Quinto Real, se hizo el pago a los marinos que trajeron a Almagro y a su tropa, y 15.000 pesos para los soldados que se quedaron en San Miguel de Tangarará. El saldo se dividió en 217 partes iguales, cada una de un valor de 4.400 pesos de oro (equivalente a 20 kilos y 20 gramos) y de 181 marcos de plata (igual a 42 kilos).

Las 217 partes se dividieron entre 168 personas, atendiendo a su rango y a su participación en la campaña. Así, Francisco Pizarro recibió trece partes y de acuerdo a la costumbre, la pieza que más le gustase del tesoro. Pizarro eligió el asiento de la litera de Atahualpa, que pesaba 140 kilos de oro fino y que era tomado fuera de reparto. Hernando Pizarro, jefe segundo de la campaña, recibió siete partes. Pero con criterio menos objetivo, Juan Pizarro tuvo dos partes y media, y Gonzalo Pizarro dos partes y un cuarto.

En total, los hermanos Pizarro se distribuyeron el once por ciento del rescate de Atahualpa. Francisco Martín de Alcántara, el hermano materno de Pizarro, estuvo rezagado durante meses y no participó en Cajamarca, por eso no pudo recibir beneficio alguno.

En cuanto a Hernando de Soto, quien había tenido un desempeño tan importante como Hernando Pizarro, recibió mucho menos que este: cuatro partes. Sebastián de Benalcázar percibió dos partes y media, pero su presencia militar había estado muy por encima de la contribución de Juan y Gonzalo Pizarro. Es posible que Francisco Pizarro hubiese descontado el oro que, tal y como se sabía, los capitanes habían retenido durante sus expediciones y hasta robado de los cuartos del rescate, pero del mismo modo la diferencia en el trato de unos y otros produjo celos y descontento.

Cada jinete recibió dos partes, y en total se hicieron con 724.000 pesos. Los peones se repartieron 436.000 pesos. Pero al considerarse la antigüedad de los soldados en la hueste, 40 de estos hombres, entre ellos Pedro de Candia, recibieron entre dos partes y dos partes y media, y 47 entre una parte y una parte y media. Finalmente, 77 peones recibieron menos de una parte.

En la historia de la conquista del Nuevo Mundo, jamás se había distribuido una suma de oro semejante ni se habían hecho ricos tantos españoles. En la campaña del poniente, la que diez años antes había conquistado Nicaragua, del fruto final de tan solo 33.000 pesos, 28.000 quedaron exclusivamente en manos del gobernador y sus capitanes.

Los excesos fueron difíciles de controlar. Los hombres se relajaron en bacanales de juego y alcohol. El uso y disfrute de las indias sumergió a los españoles en el desorden. Los hombres de Almagro, que habían recibido, incluido para el flete de los barcos, la suma total de 20.000 pesos, se dedicaban a lucrarse con la venta de caballos, capas, borceguíes, vituallas y vino, a precios usureros.

Pizarro otorgó permiso para volver a España a veinticinco hombres. Eran aquellos agotados por la gesta, algunos enfermos y otros viejos. Se embarcaron desde Paita en los barcos que había traído a Almagro y los suyos. Al llegar a España, estos y otros españoles que volvieron gananciosos fueron llamados con admiración *los peruleros*.

En aquellos barcos también viajó a España Hernando Pizarro. Fue acompañando al Quinto Real con el objetivo de presentarse ante la Corona y atraer al Perú nuevas fuerzas humanas para la conquista del gran territorio.

## LA AMENAZA FANTASMA

Francisco Pizarro usó un tono grave al hablar con Atahualpa. La expresión de su rostro era severa y el ceño, de siempre fruncido, se arrugaba con violencia en el centro de su mirada. Increpó al Inca, de manera directa y frontal, su traición, le echó en cara el buen trato que le había dado, como a hermano, y la confianza que había tenido en sus palabras.

Pizarro traía la denuncia hecha ante el escribano por el curaca de Cajamarca, de la que daba fe el letrado. Se había cruzado la información en cuanto al ataque y traición que organizaba el Inca en contra de Pizarro y todos los cristianos con lo manifestado por un orejón tío de Atahualpa y otros señores principales.

Atahualpa se mostró tranquilo y seguro. Su rostro solo mutó en una leve sonrisa que desdeñó la acusación. Dijo que le parecía una burla aquella historia de la amenaza. ¿Quiénes eran ellos y todo su ejército para enojar a hombres tan valientes como el Apo y sus hombres? A Pizarro le pareció que el Inca era sincero, pero a los demás españoles les pareció cínico y lleno de maldad.

Entre su propio parecer y la opinión de sus capitanes, Pizarro hizo prevalecer la segunda y ordenó que se le pusiera al Inca una cadena en el cuello y que se restringieran sus actividades. Era en particular de temer todo contacto que hacía con los curacas que le venían a ver. Pizarro, además, envió a dos indios como espías para recabar información sobre el ejército de Rumiñahui.

Los espías volvieron sin mucha novedad. No habían visto el ejército del general quiteño, pero supieron que se estaba acercando y que se había detenido por orden del Inca. La supuesta instrucción recibida era la de retroceder y esperar nuevas indicaciones para el ataque y la liberación del soberano.

Las noticias corrieron por el campamento español. Pizarro ordenó vigilancia permanente hasta tal punto que cincuenta jinetes se turnaban durante la noche, guardando la seguridad de todos. Se llegó a temer también por aquellos que habían partido para embarcarse rumbo a España, había mucho riesgo de un ataque de Rumiñahui contra ellos. Además se especulaba sobre una emboscada de Quisquis, que estaría llegando desde el sur.

Los temores españoles pudieron haber tenido fundamento, pero de por medio estaba la verdadera indecisión del Inca para actuar. Por ello, mucho más que una amenaza, eran las habladurías malin-tencionadas de Felipillo, el lenguaraz, las que causaban la consternación hispana.

Felipillo, aquel muchacho capturado por Bar-tolomé Ruiz en una balsa tumbesina en el segundo viaje de Pizarro, competía por entonces con Mar-tinillo, el sobrino regalado por el curaca Maizavilca a Pizarro y que se había ganado su favor como traductor. Felipillo tenía una alta autoestima, había viajado a España y conocido Sevilla, Toledo y la casa de los Pizarro en Trujillo de Extremadura; de otro lado, odiaba a Atahualpa por haber aniquilado a su pueblo y arrasado su ciudad.

Gozando Martinillo de la preferencia de Piza-rro, Felipillo se acercó más al grupo de Almagro. Pero por recuperar su prestigio y para humillar al Inca, violó y tomó por concubina a Cusi Rimay Ocllo, prima que le estaba prometida a Atahualpa. Esto le causó una gran indignación al Inca, quien pidió ver a Pizarro.

Atahualpa estaba afligido. Dijo que sentía más aquel desacato que la prisión, por ser Felipillo un indio tan bajo y su prima una señora de la casta de los Incas. Era tan grande la afrenta que, si no fueran días de anarquía, el tal indio hubiera pagado el sacrilegio en la hoguera.

Pizarro comprendió y se compadeció. Tras presionar a Felipillo e incluso amenazarlo con en-tregarlo al Inca para que este dispusiera de él, logró que el lenguaraz dejara a la princesa.

Esa noche, Cusi Rimay Ocllo fue dejada en la posada de Pizarro. Él nunca había tenido una rela-ción fija con mujer alguna. Solo relaciones casua-les a lo largo de su vida de soldado, pero no por ello aquella mujer, casi una niña, dejó de sorprenderlo. Tenía la piel blanquecina y tersa, casi rosada, y los cabellos negros y largos, se veía muy limpia y pulida. Pizarro se encandiló de ella y le puso de sobrenombre Angelina, como si la jovencita fuera un pequeño serafín caído del cielo.

Aún más resentido por el despojo, pero sobretodo temeroso de que el Inca pudiera recobrar su libertad y vengarse de él, Felipillo se sumó activamente a los que trataban de propiciar el ajusticiamiento de Atahualpa.

En realidad, sí existían movimientos para liberar al Inca, pero este no tomó la determinación de efectuar una emboscada masiva contra los cristianos. De hecho, pensó que ante un ataque de los suyos sería inmediatamente ejecutado. También medía cuidadosamente su juego de alianzas y amistades, algo que había manejado muy bien hasta la llegada de Almagro.

El excesivo cálculo de Atahualpa se tradujo en la inacción de sus ejércitos. Al ser encadenado y rota su comunicación con sus partidarios, cualquier posible reacción se hizo tardía. La amenaza era fantasma, pero era lo suficientemente real en la mente de los hispanos como para que rápidamente se fueran sumando más adeptos a su muerte.

Los más proclives a una ejecución de Atahualpa, que eliminaría el riesgo de un ataque de liberación, eran Almagro y los soldados que lo acompañaban. Por un lado sabían que con el Inca cautivo era imposible movilizarse al Cusco, hacia donde apuntaban sus expectativas de riquezas; por otro lado, la abierta defensa de Hernando Pizarro a favor del Inca ponía de plano a Diego de Almagro en contra de Atahualpa. Un amigo o protegido de su enemigo era también su enemigo.

Hernando de Soto, al igual que Hernando Pizarro, estaba a favor de preservar la vida del Inca y de remitirlo a España esperando la clemencia del rey. Él mismo se ofreció a llevarlo, y cuando Hernando Pizarro salió para España llevando los 150.000 pesos de oro y 5.000 marcos de plata del Quinto Real, insistió en que era la mejor ocasión para disponer de Atahualpa. Los dos Hernandos coincidían y competían en su amistad con el Inca.

En medio de lo inesperado, apareció en Cajamarca un nuevo hermano de sangre de Huáscar y Atahualpa. Su nombre era Tupac Huallpa, y había estado a favor del primero. Con la muerte del heredero legítimo del Tahuantinsuyu, Tupac Huallpa reclamaba para sí el derecho a ceñirse la mascapaycha real y ser proclamado Inca. A través de él, Pizarro obtuvo mucha información relativa a la guerra fratricida y la situación del Cusco. Al final, el gobernador le ofreció alojarlo en Cajamarca en la seguridad de su propia morada. Tupac Huallpa aceptó, pero temiendo por su vida, pidió que se guardase en secreto su presencia.

Con la llegada de Tupac Huallpa, coincidentemente, se incrementaron las noticias amenazantes. Los cajamarquinos, en su afán por vengar la muerte de Huáscar, las propalaban, y los almagristas las acogían con furia en contra del Inca traidor.

Pizarro trató de mantener una actitud imparcial entre los reclamos de ejecución para el Inca y aquellos que solicitaban, ya repartido el rescate, que se le diera la libertad o que fuese enviado a Panamá o España. Pero ante las últimas amenazas, sus hombres ya no dormían por el temor de que hicieran vasos con sus cráneos y tambores con sus pellejos. Incluso los oficiales reales le habrían sugerido matar a Atahualpa, porque si vivía, el rey perdería mucha cantidad de moneda al ser el indio tan belicoso.

La coyuntura en contra de Atahualpa se agudizó. Felipillo ganó protagonismo al ser el portavoz que revelaba las supuestas conjuras del Inca contra los cristianos. Además, en cuanto le tocaba traducir a Atahualpa en sus frecuentes descargos ante los españoles, lo hacía tendenciosamente, quitando o agregando a lo dicho por el Inca para hacerle quedar mal.

Pero Pizarro era un hombre que se guiaba por aquello que a los ojos de su razón fuese lo más conveniente. Primero envió a Soto a Huamachuco para verificar si había algo de objetivamente cierto en las tan proclamadas amenazas enemigas. En la práctica, significaba también sacar a Soto de la escena.

Mas allá de que hubiera o no algún riesgo en contra de los españoles, él tenía ya una decisión tomada.

La conquista de los curacazgos o reinos del Nuevo Mundo solo permitía dos opciones: ejecutar al jefe nativo o hacerle un aliado. Pizarro lo aprendió con Balboa y lo aplicó con éxito en diversas ocasiones. Sus sólidas alianzas con los curacas de Piura y Tumbes, o el castigo contra los rebeldes, así lo atestiguaban. Con el asesinato de Huáscar y la malicia y crueldad demostrada por Atahualpa se descartaba que el Inca fuera fiel al rey de España. El mismo Atahualpa, con enorme soberbia, había rechazado en múltiples ocasiones rendirle vasallaje al Emperador Don Carlos. Además, Atahualpa carecía de legitimidad en el resto del Imperio, particularmente en el Cusco.

La idea de enviarlo a España presentaba gruesos inconvenientes. El solo traslado del Inca cautivo a Paita significaba un movimiento que exponía a la delegación a cargo o a toda la tropa a una emboscada en el camino. Pero, además, permaneciendo con vida, aun lejos y en España, los súbditos de Atahualpa le mantendrían fidelidad o se propagaría la anarquía absoluta. En una sociedad tan altamente jerarquizada como la incaica, Pizarro necesitaba un Inca que se subordinara al Rey y mantuviera la unidad del Imperio para dejarle a él gobernarlo.

Pizarro, como hombre, no deseaba la muerte de Atahualpa. No podía dejar de admirar su majestad, inteligencia y astucia. La simpatía que sentía por el Inca lo había llevado a mirarlo como a un amigo. Pero Pizarro era un soldado, y como tal debía actuar, a pesar de las consecuencias que la ejecución del Inca pudiera traer.

## La muerte del Sol

Pedro Cataño alzó la voz delante de muchos. Era un requerimiento formal, esto es, un acto de carácter jurídico que pretendía evitar la ejecución de Atahualpa. El destinatario del requerimiento era el mismo Francisco Pizarro, jefe supremo de la hueste perulera y gobernador de aquellas tierras por orden real.

Pizarro no se inmutó. La actitud de Cataño era insolente, pero debía dejarlo concluir. Un requerimiento a un jefe militar era considerado como desacato e incluso amotinamiento. Por eso Pizarro procedió a ordenar su detención y encarcelamiento inmediatos. Estaba facultado para hacerlo conforme a la ley, aunque el requerimiento de Cataño mantenía su valor judicial. Pizarro sabía cómo Colon, Cortés y Balboa habían terminado empapelados ante la Corte y el Consejo de Indias o como víctimas de maledicencias. Ahora él, Pizarro, había alcanzado la gloria tan temida.

Su proceder ante el destino del Inca no podía ofrecer dudas. Había dos extremos: el legal y el moral. El proceso de ejecución de Atahualpa no debía dejar dudas de su legitimidad, y él tampoco deseaba mancillar su honor al incumplir su palabra de liberar al Inca.

Primero dejó claro que le devolvía la libertad a Atahualpa, la misma que no podía hacerse efectiva por motivos de seguridad. Luego buscó y logró un acercamiento con su viejo socio Diego de Almagro. Es muy probable que entre ambos hubiera habido un entendimiento secreto en el reparto del rescate de Atahualpa; incluso se habló que hubo una parte del tesoro a la que solo tuvieron acceso ambos socios. Lo último es difícil, por el excesivo formalismo y respeto a la autoridad de Pizarro, pero sí pudieron acordar alguna compensación confidencial para Almagro, dentro de la parte del gobernador.

Cataño ahora se había convertido en un problema. No era además un hombre al que se pudiera pasar por alto, era el segundo de Hernando de Soto, quien seguía en Huamachuco. Por ello Almagro fue a ver al preso para persuadirlo de que cambiara de actitud y se amistara con Pizarro. Cataño se negó.

Pizarro temía que Cataño elevase un informe a la Corona que pudiera serle perjudicial. Peor aún si estuviese vinculado con la suerte de Atahualpa.

Entonces lo pensó bien. Con una minuciosidad de filigrana, dejó en libertad a Cataño y luego lo hizo llamar. Estando al llegar, Pizarro salió a recibirlo acompañado por Almagro. Con tono amable y hasta jovial, le juró por su propia vida que comería con él y con Diego de Almagro. Cataño quedó sin resistencia. Eran los dos jefes mayores quienes le acogían.

Aquella noche, Pizarro le agradeció a Cataño en nombre del Rey y del suyo propio que le hubiera hecho ver las cosas claras y que hubiera evitado que cometiera un error tan grave como el de quemar a Atahualpa. Almagro, en medio del juego, se veía de acuerdo. Era la primera vez que Pizarro abandonaba su lacónica neutralidad entre uno y otro bando.

Cataño, exultante de alegría, casi besó la mano del gobernador pero este no lo permitió. Le sugirió echar una partida de ajedrez con Almagro, la misma que siguió su curso en los trebejos. De improviso, apareció agitado un tal Pedro de Anades, trayendo a rastras a un indio nicaragüense. El esclavo había visto, a tres leguas de Cajamarca, a muchos guerreros enemigos en plan de guerra para liberar al Inca.

Los acontecimientos se sucedieron con rapidez, pero con el más prolijo cuidado formal. El proceso judicial contra Atahualpa se dio la noche del 25 de julio, el mismo Francisco Pizarro debía presidir el tribunal y no eludió la responsabilidad. Hubo un fiscal, un escribano, y Juan de Herrada fue designado defensor del Inca. Herrada tenía una buena hoja de servicios, había participado con Hernán Cortés en la conquista de México, era considerado hombre de mente aguda y estaba en contra de la ejecución de Atahualpa, a pesar de haber llegado con Almagro al Perú.

Los cargos contra el Inca eran conducentes a la pena de muerte: idolatría y herejía, usurpación y tiranía, traición y alevosía, regicidio y fratricidio, genocidio y homicidio, incesto y poligamia. Todos los cargos podían verificarse a través de testigos y de los propios actos y afirmaciones del monarca procesado. Solo la traición a los españoles era de difícil constatación, y aunque casi todos la creían, ninguno podía dar fe de ella.

Atahualpa intentó su defensa. Dijo que si hubiese gente junta para atacar a los cristianos, esta no podía estar bajo su mando, ya que sus captores le podían cortar la cabeza al saber que aquellos venían; y si los cristianos pensaban que alguna gente actuaba contra la voluntad de Inca, no estaban bien informados del poder que él tenía sobre sus vasallos, pues si el Inca quería, ni las hojas de los árboles se mecerían en el Tahuantinsuyu. Atahualpa realmente pensó que el proceso se daba por error o por un injustificado temor de los españoles.

Pero el proceso no era para determinar la culpa o inocencia del acusado, sino para ejecutarlo. El Inca fue condenado a morir quemado en la hoguera, y ante el cumplimiento de las formas de un proceso sumario, ninguno de los hispanos, ni aun los que estuvieron disconformes con el resultado, se atrevió a cuestionarlo y menos a apelarlo ante el Consejo de Indias.

Mientras los jefes suscribían la sentencia fatal para Atahualpa, los soldados daban ya por muerto a Hernando de Soto. La presencia de las huestes del

Inca no daba ya lugar a que Soto estuviera vivo en Huamachuco. En aquella gélida noche, a la luz de las antorchas reinaba el temor de los hispanos ante la posible emboscada del general Quisquis; su propia supervivencia estaba muy por encima de la salvación del Inca.

El 26 de julio, ya de día, a Atahualpa se le notificó la sentencia. Parecía que el Inca no podía creerla, tanto que solicitó una traducción exacta de cada palabra que lo condenaba a muerte. Pidió entonces una entrevista con Pizarro, pero este había dispuesto que no le fuese concedida. Ofreció más oro a sus captores, pero era inútil, ya no había quien pudiese cambiar el derrotero que habían tomado los acontecimientos.

Pizarro ordenó la presencia de todos sus soldados en la plaza. Eran las siete de la noche y los hombres, montados o a pie, lucían el acero de sus armas. Si el ejército indio estaba a tres o cuatro leguas, su llegada no tomaría más de día y medio desde que hubiera sido observado. En cualquier momento podían llegar los infieles a tratar de salvar al Inca de la hoguera.

Atahualpa avanzó con serenidad, llevaba las manos sujetas a la espada y en el cuello mantenía la cadena que le había sido impuesta. Estaba flanqueado por fray Vicente de Valverde, quien le recitaba las verdades de la fe, Felipillo haciendo de traductor, el tesorero Riquelme, el capitán Juan de Salcedo y Juan de Porras, el alcalde mayor. A medida que avanzaban, y ante la inminente ejecución, los indios que veían pasar a Atahualpa caían como desmayados al suelo.

Entonces Atahualpa le preguntó a Valverde por qué lo mataban. En realidad el Inca no podía creer en la ejecución, y hasta pensó que era una pantomima para obtener más oro. Se lo ofreció al fraile y a Riquelme, pero ellos insistieron en la inutilidad de su insistencia. Atahualpa enmudeció y se oyó el tamborileo de la ejecución.

El Inca vio el tronco y la leña preparada para el fuego. Entonces preguntó adónde iban los cristianos al morir; Valverde contestó que al Cielo, pero Atahualpa se refería al destino del cuerpo. Al fin el fraile entendió, y le dijo que los cuerpos se enterraban en la iglesia. En ese momento, el Inca solicitó hacerse cristiano, y Valverde procedió con el bautizo inmediato.

Antes de morir, Atahualpa le pidió al Apo que tomase y cuidase a sus hijos pequeños. Era, tal vez, el último intento del Inca por preservar la sangre real de los Hijos del Sol.

El Inca fue desnucado en el garrote. De su nombre cristiano no existe certeza, tan solo se sabe que Atahualpa salvó la integridad de su cuerpo para que pudiera ser momificado y eternizado. Pizarro no quiso que la ejecución de la sentencia pudiera ser objetada en ningún sentido, así que ordenó que se quemaran los cabellos de Atahualpa.

El cuerpo de Atahualpa fue dejado en la picota en el centro de la plaza. Su rostro desencajado y sus cabellos cortados dejaban al descubierto una oreja rota, aquella que había perdido en la guerra contra Huáscar y que siempre había tratado de ocultar. Ahí fue dejado por orden de Pizarro, para convencer a todos los indios de la muerte del Inca.

Los funerales de Atahualpa, de acuerdo a la visión artística de Luís Montero (1867).

Un grupo de soldados montó celosa custodia en el lugar, para evitar que fuese robado el cadáver.

Las exequias de Atahualpa fueron al día siguiente. El cuerpo fue colocado en un catafalco, y la ceremonia fúnebre fue llevada a cabo en una iglesia improvisada. Pizarro se vistió de luto riguroso, porque aunque se trataba de un monarca de los infieles, el Inca no dejaba de ser un rey. Ante las honras fúnebres, los orejones y los curacas se veían satisfechos por el trato dado al Inca. Los españoles que más habían alternado con Atahualpa suspiraban y hasta dejaron caer lágrimas por el difunto. Del mismo Pizarro se dijo que había llorado en privado, todo lo cual no era ajeno a las raíces semitas de los conquistadores.

De repente, en medio de la ceremonia, aparecieron las mujeres y hermanas y los sirvientes hombres y mujeres de Atahualpa. Todos gemían y, llorando desesperados, suplicaron que se les enterrara vivos al lado de su señor.

Para los hispanos el espectáculo fue grotesco. Aquellas gentes infieles fueron arrojadas del recinto, y se les dijo duramente que Atahualpa ya estaba muerto y que aquellas costumbres eran contrarias a la cristiandad. Las mujeres, entonces, se apartaron a sus cuartos y ahí se abrieron las venas con sus dientes, colgándose luego de sus cabellos.

Pocos días después de los últimos acontecimientos de Cajamarca, salieron con rumbo a Paita y España dos capitanes que no quedaron contentos con la distribución hecha por Pizarro: Cristóbal de Mena y Juan de Salcedo, quienes consideraron que no habían sido retribuidos  conforme a sus merecimientos.

## Tupac Huallpa, el Inca del Rey

La Tiana roja, trono de los Incas, había sido colocada delante del recinto ocupado por Pizarro. Entonces, en medio de una gran expectación, apareció Tupac Huallpa seguido por un gran número de curacas y se sentó en el asiento destinado al Hijo del Sol.

Cada uno de los jefes locales se fue acercando a Tupac Huallpa y le entregó un prolijo adorno de plumas. Era un símbolo de vasallaje al soberano entronizado por Pizarro y aclamado por los quechuas de Cajamarca. Las fiestas comenzaron con danzas y algarabía de cantos, pero a pesar de todo Tupac Huallpa se veía notoriamente distante.

Preguntado por Pizarro sobre la causa de su aspecto, el joven indio le confesó que era costumbre que el nuevo Inca hiciese tres días de ayuno y encierro, en señal de duelo por el soberano muerto. Pizarro le dijo que si aquella era práctica antigua, la guardase conforme a su parecer.

Tupac Huallpa desarrolló entonces los rituales sagrados durante dos días de claustros. A su término, el hermano de Huáscar y Atahualpa salió vestido con trajes de gala y se sentó en la Tiana en medio de una gran ovación. Pizarro, Almagro y los demás españoles presentes no podían estar más satisfechos. Muy cercano a Tupac Huallpa estaba el general Calcuchímac, quien le había ofrecido poner Quito bajo su sagrada autoridad.

En medio del banquete servido en el suelo, a la usanza india, Tupac Huallpa esperó a que terminaran la música y los bailes para ponerse de pie. Dijo entonces que daba su vasallaje al emperador Don

Carlos, y le entregó a Pizarro un gran plumaje blanco. Pizarro abrazó a Tupac Huallpa, el mozuelo había llegado a la escena política en el momento más oportuno y se había conducido a la altura.

Al día siguiente hubo un nuevo encuentro entre ambos hombres. Pizarro apareció elegantemente vestido con ropas de seda y acompañado por los oficiales del rey. Tupac Huallpa concurrió también con sus magníficos atuendos. Entonces, Pizarro les comunicó al joven indio y a sus curacas los deberes que tendrían hacia el rey de España. Luego tomó el estandarte español, lo levantó en alto tres veces y les dijo que todos debían hacer igual como vasallos de la Majestad de España.

Aquella señal cumplida por Tupac Huallpa y los curacas que lo acompañaban fue el primer acto de sumisión de un líder del Tahuantinsuyu y del linaje de los gobernantes quechuas a favor de la Corona europea. Así, Pizarro recibió jubiloso el pronto abrazo de los naturales. Tanto Tupac Huallpa como aquellos caciques, habiendo estado a favor de Huáscar, no podían estar menos que agradecidos por la intervención de las armas hispanas en contra de los de Quito.

Era el momento de salir hacia el Cusco. El 11 de agosto de 1533 la gran caravana dejó Cajamarca. Adelante, un escuadrón de caballería verificaba que no hubiera peligro en el camino. En un palanquín iba Tupac Huallpa con los nobles orejones, y atrás un gran número de cargueros indios, que llevaban los tesoros particulares de los españoles. A pesar de la buena voluntad de los naturales, los españoles desconfiaban de ellos y los pusieron bajo la vigilancia de los esclavos negros y nicaragüenses.

Antes de salir de Cajamarca, Pizarro nombró a Sebastián de Benalcázar teniente gobernador de San Miguel de Tangarará. El objetivo era múltiple: Benalcázar había quedado descontento con el reparto del botín y su presencia podía generar insubordinaciones, pero más allá de eso, era indispensable fortalecer el puerto de Paita. Al ser el único enlace con la metrópoli europea, podía ser atacado por los quiteños.

También Soto estaba disconforme con el oro recibido y además indignado por la ejecución de Atahualpa; de hecho, nunca habían aparecido los ejércitos indios que tanto se temieron. Hernando Pizarro presentaba ante la Corte española desde mazorcas de maíz hechas en oro hasta una estatua de un niño de diez años, toda del metal precioso. En definitiva, y gracias también a su apoyo en el acontecimiento de Cataño, Diego de Almagro recuperaba su posición de primacía como socio de Pizarro.

Este silencioso ascenso de Almagro integró temporalmente a la tropa. Los almagristas se sintieron más seguros de que se les haría justicia, y los pizarristas estaban casi todos satisfechos con el oro y la plata recibidos. El propio Pizarro había juntado a la hueste y les había dicho que el tesoro que de allí en adelante se hallase sería igual para todos.

Pero poco a poco se fueron sumando más argumentos para estar unidos. Un hermano de Tupac Huallpa, de nombre Huari Tito, salió para verificar el estado de los puentes y fue emboscado y muerto por los quiteños.

En Huamachuco fueron recibidos en paz por los curacas, y Calcuchímac le dijo a Pizarro que se encargaría de asegurar con estos el abastecimiento de los tambos del camino. Pizarro accedió. Lo que siguió entonces fue un espectáculo espantoso: Calcuchímac hizo poner a los curacas en fila y con los cuerpos inclinados hacia el piso, tomó una gran piedra y les fue destrozando los cráneos uno a uno. Alertado, Pizarro intervino de inmediato. Dijo a los lugareños que aquello había sido un lamentable error. Ante los curacas, el viejo hombre barbudo causó buena impresión, pero los indios comunes ya no se veían igual de alegres. Parecían recelosos y algunos españoles pensaron que el mismo Calcuchímac había amenazado a la gente para impedir que colaborasen con ellos. De todos modos, un buen número de indios reemplazó a los cargueros de Cajamarca por orden de los curacas.

La tropa reinició su marcha al Cusco atravesando los valles interandinos. Siempre siguiendo el camino inca, se internaron a través del Callejón de Huaylas. Los altos nevados parecían observadores silenciosos de aquel gran grupo heterogéneo de personas. Eran cerca de cuatrocientos soldados españoles, sus concubinas, cientos de cargadores y llamas, y la corte de Tupac Huallpa, que incluía a su hermana y esposa. La columna se alargaba a través de kilómetros, y el desarrollo era lento. El silencio y el frío eran penetrantes.

Al internarse en la gran pampa de Junín, Pizarro recibió la noticia de un gran regimiento de quiteños ubicados en los cerros del sur. Todo indicaba la presencia de una emboscada. Pizarro notificó a Almagro para que saliese con varios jinetes a reconocer la zona. La preocupación de Pizarro también se fundaba en que muchos de sus hombres sufrían entonces del mal de altura. Cualquier ataque en aquellas circunstancias podía sorprenderlos en una situación física muy desfavorable.

Dos cosas preocupaban también a Pizarro: se especulaba que Calcuchímac estaba en realidad en comunicación con el general Quisquis, y la salud de Tupac Huallpa, que no era buena: el joven indio había enfermado casi al tiempo de dejar Cajamarca. En referencia a lo primero, mandó vigilar estrechamente a Calcuchímac, y en cuanto a lo segundo, solo podía esperar que las hierbas de los naturales surtieran buen efecto en el monarca.

El 7 de octubre la tropa ingresó al pueblo de Bombón. Pizarro ordenó a sus huestes estar alerta, se esperaba un ataque quiteño en cualquier momento.

Entonces llegó un indio que había enviado Tupac Huallpa para inspeccionar la zona. Comunicó que las tropas que Calcuchímac había dejado acéfalas en Jauja, se estarían replegando hacia el Cusco para unirse a Quisquis, pero que antes iban a aniquilar a la población y a incendiar los graneros.

Hasta entonces, la presencia de tambos instalados con alimentos a distancias regulares había sido tan necesaria para el éxito del avance español como el camino inca. La prolija organización del Tahuantinsuyu había sido usada en su contra. Pizarro pensó que era mejor tomar la iniciativa, agrupó 65 jinetes con sus cabalgaduras y salió hacia Jauja.

La estrategia de Pizarro era simple: evitar que los quiteños incendiasen los graneros y detener el incendio de la ciudad, ganando de ese modo la amistad de los huancas. A la sazón, estos eran acérrimos enemigos no solo de los quiteños, sino de los Incas en general. Para Pizarro, la amistad de los huancas podía también brindarle un beneficio militar. Ya en

Bombón, cuatro curacas le habían sumado a su hueste nada menos que 4.500 guerreros indios.

Llegaron a Chacamana. En el lugar había 70.000 pesos de oro abandonados. Habían quedado ahí cuando se suspendió el rescate de Atahualpa. Dejó a dos jinetes al cuidado del oro y prosiguió hasta Tarma. Como el pueblo se hallaba en la falda de un cerro, el efecto militar de los caballos era nulo, así que tuvieron que pernoctar cobijados en los vientres de los equinos, en medio del frío y el granizo.

Al día siguiente Pizarro dividió a los jinetes en tres grupos, cada uno al mando de Almagro, Soto y su hermano Juan, respectivamente. Cada escuadrón, con quince jinetes, avanzó hasta tener a la vista el valle de Jauja. Era un paisaje de admirable verdor y belleza. Los naturales salieron jubilosos a recibirlos, tanto que tres hombres en sus grupas se animaron a bajar y adentrarse en la ciudad. De repente, de todos lados aparecieron guerreros quiteños; eran doscientos naturales que acorralaron a los españoles, que repelían el ataque con lanzas y sobre sus caballos. A la margen derecha del río, otros cuatrocientos guerreros apostados estaban listos para actuar.

## La posesión del Cusco

La noticia entristeció a todos los españoles, en particular a Francisco Pizarro. Atrás quedaba el efímero momento de gloria, los soldados españoles rescatados de la emboscada y la masacre sobre los quiteños atravesados por las lanzas hispanas. Ahora la penumbra había vuelto, Tupac Huallpa, el Inca amigo de España, había muerto.

Todo apuntaba a que era una maniobra más de Calcuchímac, quien, según testigos, le había dado de beber al joven monarca un veneno de efecto progresivo en Cajamarca.

Pizarro tenía ahora que encontrar un sucesor para Tupac Huallpa. Como en aquellas instancias la prioridad era tomar el Cusco, optó por usar políticamente el problema del vacío de poder. Por un lado pretendió apoyar al príncipe Manco del Cusco, representante de las panacas o familias tradicionales, y por el otro, le ofreció a Calcuchímac hacer Inca al príncipe Aticoc, hijo de Atahualpa. La condición era que el general Calcuchímac lograse que Quisquis le entregara la ciudad imperial.

Para Pizarro, este juego político buscaba perpetrar el uso de las rivalidades asesinas entre los de Quito y los del Cusco, para su beneficio en el dominio del Tahuantinsuyu. Calcuchímac solicitó que se le retirasen las cadenas que llevaba desde Cajamarca, para poder actuar. Pizarro aceptó.

Por otro lado, se hizo necesario consolidar posiciones. En Cajamarca, el pueblo había sido atacado por los quiteños, quienes habían robado el cadáver de Atahualpa llevándolo para Quito. Pizarro pensó entonces fundar una nueva ciudad en Jauja, el lugar era un ideal centro de abastecimiento. San Miguel de Tangarará había quedado a demasiadas leguas como para que pudiese cubrirles las espaldas.

Cuando ya todo estaba casi listo para la fundación de la ciudad, que Pizarro decidió que fuera la capital, tuvo que interrumpir la gestión. Se supo que los guerreros quiteños venían incendiando los pueblos, puentes y sembrados en el camino al

Cusco. Pizarro dejó en Jauja ochenta hombres, cuarenta de los cuales eran jinetes con sus caballos, a las órdenes del tesorero Alonso Riquelme. También quedaban en Jauja los bienes y concubinas de la tropa de avanzada. Solo emprenderían la rápida marcha los soldados totalmente ligeros de equipaje.

Pizarro salió de Jauja el 27 de octubre de 1533; antes envió por delante el escuadrón al mando de Hernando de Soto, que partió cuatro días antes.

El paso por puentes endebles y quebradas estrechas fue una nueva prueba de valor para los hispanos. El camino inca subía por pequeños peldaños de piedra al borde de hondos precipicios. Los pueblos que encontraban a su paso habían sido incendiados por los quiteños, los tambos estaban vacíos y los acueductos habían sido malogrados.

Por fin, en Parcos, encontraron un curaca que era amigo de Pizarro desde los días de Cajamarca, así que consiguieron descanso y comida. A la mañana siguiente fray Vicente de Valverde ofició la misa de todos los Santos antes de la partida. Ante la ausencia de puentes, quemados por los quiteños, Pizarro ordenó escalar las montañas.

El avance de la tropa se hacía cada vez más difícil. Pizarro se impacientaba ante la ausencia de noticias de Soto. Pronto le llegó un mensajero indio, y la información que traía no era precisamente la que esperaba.

Soto había tomado el pueblo de Vilcas derrotando a la guarnición quiteña, pero muchos indios que estaban en un chaco o cacería habían vuelto y atacado a los cristianos, matando a un caballo blanco. Los españoles habían salvado la vida con mucha fortuna y habían pasado la noche en la plaza del pueblo. Por la mañana soltaron a todas las mujeres cautivas para calmar a los naturales y lograr que se fueran sin completar su victoria.

Pizarro entendió que las fuerzas de Soto debían de haber quedado disminuidas. Llegó a Vilcas el cuatro de noviembre, pero Soto ya había partido de ahí. Todos se quedaron admirados del trabajo en piedra labrada de los edificios. Al día siguiente partieron, pero Pizarro comisionó a Almagro para ir a la delantera y darle el auxilio necesario a Soto.

Pizarro se quedó con diez hombres a caballo y veinte peones. También llevaba consigo auxiliares indios y al propio Calcuchímac. La presencia del general quiteño se justificaba en cuanto a la influencia que podía ejercer para disuadir a las fuerzas quiteñas. Además tenía un compromiso que cumplir que evidentemente no se estaba dando.

En cuanto a Hernando de Soto, era movido por otros intereses. Él quería ser el primero en ingresar al Cusco y aprovechar para compensarse del magro reparto que le había tocado en Cajamarca. Aún maltrecho por la virtual derrota sufrida en Vilcas, siguió avanzando con peores resultados.

En Airamba, Pizarro encontró dos caballos muertos, lo que preocupó a todos. También una carta en la que no hacía mención de Almagro. En Curahuasi, se hicieron con varios tablones de plata que animaron a los hombres, pero pronto recibieron otra carta de Soto aún peor que las anteriores.

Soto refería que en Vilcaconga, en una cuesta que llevaba al Cusco, habían perdido cinco soldados, diecisiete hombres habían resultado heridos, y los indios habían matado quince caballos.

El gobernador habló con su gente y trató de levantar su moral. Él mismo no se amilanó. Llegó con su hueste a la orilla del río Apurímac, que los hombres tuvieron que cruzar en balsas y los caballos a nado, ya que otra vez los quiteños habían destruido todo a su paso. El avance era tan lento que la tropa pensó en el peor final para Soto y Almagro. Sin embargo, cuando menos lo esperaban, un correo a caballo les trajo la feliz nueva de que Almagro había llegado justo a tiempo y había salvado a Soto y los suyos.

El correo también informó de que los quiteños, en retirada, se habían dirigido al Cusco, ciudad en la que se había consolidado una gran defensa de los infieles. Además, para pena de todos, se tenía la lista de los españoles muertos. Esto último enfureció a los soldados, que culparon a Calcuchímac de lo que había acontecido.

Pizarro encaró al general norteño. Le increpó su traición e hizo que lo encadenasen de nuevo. En Rimactampu les salió al encuentro Almagro con cuatro jinetes. Le refirió a Pizarro lo sucedido y la culpa flagrante de Soto por su proceder precipitado. Sin embargo, el mismo Almagro sugirió no tomar represalias contra Soto, era el peor momento para dividir a la tropa.

Pero Pizarro estaba molesto, Soto había quebrado el orden con fatales consecuencias. La peor de todas, haber mostrado la vulnerabilidad de soldados y caballos. Además se había ensañado equivocadamente con los indios de Tarma, desertores de Quisquis, mutilándoles cruelmente las manos. Todo eso era demasiado. Pero escuchó a su socio y al día siguiente escondió su enojo en el encuentro con Soto. A los soldados, no responsables de las desgracias, los felicitó uno a uno según sus méritos y el valor mostrado.

Calcuchímac ya no entraba en ningún cálculo político. Había fallado en su gestión de paz, todos le achacaban las derrotas sufridas, y ante las panacas del Cusco, no era más que un enemigo. El general quiteño fue quemado en la hoguera, rechazando firmemente hacerse cristiano.

Todos se alegraron de la muerte de Calcuchímac. Con ella, la suerte pareció ponerse de nuevo del lado de los españoles. Un hijo menor de Haina Capac, el joven y famoso príncipe Manco, se hizo anunciar en el campamento español. A pesar de su edad, tenía la prestancia y el aplomo de su abolengo.

Vestido con un impresionante manto dorado, Manco se entrevistó con Pizarro llevando a su lado a tres nobilísimos orejones cusqueños. Manco le dijo al gobernador que lo ayudaría en todo lo que pudiera para echar a la gente forastera procedente de Quito. Pizarro respondió con agudeza que su presencia obedecía justo a eso, a echar a los de Quito y librarlo de la esclavitud. Manco entonces se mostró de acuerdo, los cristianos contarían con el apoyo de los del Cusco, pero el tiempo apremiaba, pues los quiteños querían incendiar la ciudad.

Pizarro ordenó la salida inmediata hacia la ciudad sagrada. En el camino, hallaron guerreros quiteños que le prendían fuego a los alrededores. La embestida española fue brutal, y en tres arremetidas quedaron doscientos indios muertos en el campo cubierto de sangre. Una flecha atravesó de lado a lado el muslo de un jinete y mató a su caballo. Los dardos quiteños hirieron e inmovilizaron cuatro caballos más. El mismo gobernador se sumó con los suyos a la refriega, elevando el ánimo de los hombres, que se alzaron finalmente con la victoria.

Los españoles, con Francisco Pizarro a la cabeza, entraron en el Cusco el 15 de noviembre pasando enfrente de la imponente fortaleza de Sacsahuaman. Los cristianos quedaron maravillados al ver aquella construcción de piedras gigantes, organizadas con una perfección jamás vista en ningún lugar del mundo.

Al entrar en la ciudad propiamente dicha, no hubo resistencia alguna. Los ancianos orejones aceptaron la presencia de los huiracochas. Como era una ciudad de funcionarios reales, muchos habían sido ejecutados por los quiteños. Los soldados revisaron los edificios de la plaza principal, y al no encontrar nada sospechoso, Pizarro tomó para sí y de manera simbólica el palacio que había sido de Huaina Capac. Almagro escogió otro palacio que estaba justo más allá que el del gobernador, y Gonzalo Pizarro usó una bella mansión edificada por Tupac Inca Yupanqui.

Los soldados pidieron permiso para revisar la ciudad, y Pizarro lo concedió. Sabía que detener el entusiasmo de la hueste llevaría a la desobediencia soterrada y al descontento. Los hombres recorrieron enloquecidos la ciudad, la belleza de los muros y calles no tenía igual. Al comienzo no había tanto oro como esperaban, pero sí gran cantidad de plata y piedras preciosas. Las vírgenes solares no estaban, se las habían llevado los quiteños para impedir que fueran tocadas.

Ocupación de la ciudad del Cusco
por las huestes de Pizarro.

Entonces los españoles llegaron al Coricancha, donde estaba el imponente Disco Solar, hecho todo en oro fino. En ese momento, se interpuso ante los cristianos el Villac Umu o Gran Sacerdote Solar, para detener e impedir el sacrilegio de aquel lugar. Los hispanos se rieron a carcajadas y lo hicieron a un lado.

Nada fue respetado, grandes placas de oro salían del templo del Sol, las momias de los Incas y de los ancestros fueron despojadas de sus ornamentos preciosos.

El oro y la plata, por orden de Pizarro, debían juntarse en una de las residencias principales. Ahí llegaron doce estatuas de llamas de tamaño natural, hechas en oro fino y plata, piedras preciosas y todo el metal precioso que los saqueadores no pudieron esconder para sí.

215

# 6

# La gran rebelión

El reparto del gran tesoro del Cusco se produjo entre el 05 y el 19 de marzo de 1534. El metal precioso se dividió esta vez en 480 partes, ya que la hueste perulera había crecido. Comparado con las 217 partes en que se dividió el rescate de Atahualpa, cada español recibió menos oro y plata, a pesar de que esta vez el tesoro fue un quinto más que el primero.

Poco después, el 23 de marzo, Pizarro realizó la fundación española de la ciudad del Cusco. Entre los presentes estaba Manco, quien había sido investido como Inca y Señor de los cuatro Suyos, en una ceremonia de impresionante solemnidad. Pizarro trató de fijar en aquella ciudad el mayor número posible de españoles, pero el problema estaba en las encomiendas. No quedaba claro ese tema en particular en las capitulaciones toledanas, por lo que, siempre receloso de no tener problemas con la Corona, Pizarro otorgó repartimientos de carácter provisional.

Cumplido todo lo dicho, Pizarro se enteró de la noticia de que el gobernador de Guatemala, el famoso Pedro de Alvarado, preparaba una armada para ir a la conquista del Perú. Alvarado había destacado al lado de Cortés en la conquista de México y estaba deslumbrado por las increíbles noticias que llegaban del sur.

Pizarro se indignó. Había que pacificar y fundar al más puro estilo de su viejo jefe Nicolás de Ovando. Los asentamientos permanentes consolidarían posiciones frente a las pretensiones de Pedro de Alvarado. De inmediato, le encargó a su socio Almagro ir a la costa y tomar posesión de ella en nombre del rey. Envió a Soto en persecución de los indios de Quisquis, y él mismo salió a Jauja a formalizar la fundación de la ciudad capital, que había quedado trunca. Pizarro salió acompañado de Manco Inca y 2.000 guerreros quechuas.

Pizarro arribó a Jauja el 20 de abril y se enteró de que Riquelme, a cargo de la guarnición del pueblo, había repelido un ataque de Quisquis, y que luego había sido Soto el que había infringido una gran derrota a los naturales. Manco Inca estaba visiblemente satisfecho por las maniobras de los cristianos, así que organizó un enorme chaco o cacería, en su honor. Participaron 10.000 indios, conformando un enorme cerco que se fue cerrando al tradicional estilo andino, hasta juntar al centro estupendas piezas de caza. Los españoles gozaron con la matanza y el festín servido de venados, guanacos y vicuñas.

Pero el gobernador no estaba mucho para esos divertimentos. Un mensajero de Almagro llegó para avisarle de que Alvarado estaba camino de Quito y de que su flota, nada menos que una docena de navíos y más de cuatrocientos soldados, habían sido vistos en la costa del norte. Y no solo eso, Pizarro también supo que su capitán, Sebastián de Benalcázar, a quien dejara como teniente gobernador de San Miguel de Tangarará, también había salido hacia Quito para apoderarse de la ciudad por cuenta propia.

Pizarro no perdió la calma; de momento tenía que fundar primero Jauja, lo cual se dio por fin el 25 de abril de 1534. Cincuenta y tres españoles se quedaron como vecinos de aquella ciudad con título de capitalina.

Un mes después llegó a Jauja un secretario que Pizarro había enviado a la Corona, desde Tumbes, dos años atrás. Por la dificultad en las comunicaciones de la época, la gestión del secretario se había realizado sin que el Consejo de Indias supiese siquiera de la captura de Atahualpa. En razón de ello, solo se le concedían a Pizarro 25 leguas más de gobernación al sur de Chincha y se le prohibía otorgar encomiendas.

Pizarro, al ir entendiendo el tamaño del Imperio, había tratado de asegurar una extensión justa a su favor. El mismo límite de Chincha para su gobernación se había dado sabiendo de aquella solo de oídas y sin referencias geográficas. En cuanto a los repartimientos en Jauja, cundió el descontento. Pizarro no podía dejar a sus soldados disconformes y resentidos con la Corona, así que señaló también depósitos temporales igual que en el Cusco a favor de los conquistadores.

Pero junto con las poco felices noticias, llegó la Real Cédula del 8 de marzo de 1533. En ella, se le prohibía al gobernador Pedro de Alvarado ingresar a las tierras de la gobernación otorgada a Pizarro. El gobernador le envió la Cédula a Almagro, otorgándole, además, poderes amplios a su socio para que pudiera descubrir, conquistar, pacificar y poblar Quito. Este acto sellaba la confianza recuperada entre Pizarro y Almagro. El viejo Almagro había aportado toda su experiencia a favor de la tropa en el avance y la toma del Cusco. Ahora se le entregaba un encargo mayor: enfrentarse a Pedro de Alvarado con las armas legales en la mano.

Pero en la medida en que la gobernación de Almagro debía empezar donde terminaba la suya, Pizarro dudaba de la manera en que su socio tomaría la mayor extensión otorgada a su gobernación. Por ese motivo, bajó él mismo a la costa para conocer las zonas de Lunahuaná, los curacazgos de Lurín y Mala y el Santuario de Pachacamac.

Luego llegó a Chincha para constatar por sí mismo la importancia de la zona desde donde se proyectaban sus dominios hacia el sur, quedando conforme con la riqueza del valle y su gran número de indios. Estratégicamente, le entregó todo Chincha en depósito a su hermano Hernando.

Sebastián de Benalcázar por su parte, había logrado romper la férrea resistencia del general Rumiñahui en Quito. Gracias a nuevas alianzas con etnias locales, había tomado la ciudad de Tomebamba, eje de la resistencia quiteña. Benalcázar andaba a la búsqueda de un tesoro que nunca llegó a Cajamarca y que había sido escondido por los quiteños, cuando Almagro apareció en la región.

Almagro y Benalcázar salieron juntos al encuentro de Alvarado, a la cabeza de una tropa de ciento ochenta españoles. En su camino, el gobernador de Guatemala había visto diezmadas sus fuerzas militares por las inclemencias del frío, las lluvias y las tempestades de nieve. Su desconocimiento del paisaje y el terreno le hicieron tomar el peor camino, en el que murieron veinte españoles, tres mil indios de Nicaragua y numerosos negros.

La entrevista entre Almagro y Alvarado fue tensa. El primero y su escolta llevaban armas escondidas además de las visibles. De cualquier modo, Almagro fue muy cortés con el gobernador, en cuanto tenía enfrente a uno de los hombres más prestigiosos del Nuevo Mundo. Luego, astutamente, solicitó de Alvarado sus credenciales reales para actuar en Quito. Alvarado se escudó en que los títulos de la gobernación de Pizarro no estaban claros y que no incluían el Cusco.

Entonces Almagro, como ganando tiempo para fomentar deserciones entre los hombres de Alvarado, le sugirió unirse ambos para salir a Chile. La idea no cuajó, porque Almagro encontró que la presencia de Alvarado era totalmente ilegal y más bien le ofreció pagarle muy bien por sus hombres, navíos, caballos y pertrechos de guerra. A los hispanos no les hizo ninguna gracia ser negociados como esclavos, pero los tratos siguieron. La cifra de la transacción quedó definida en 100.000 castellanos, una suma totalmente sobredimensionada.

Pizarro había vuelto a Jauja, y los primeros días de diciembre recibía la noticia del arreglo. El precio era definitivamente alto, pero aseguraba la paz y proveía de efectivos militares en un momento que era decisivo. Había recibido la queja de los españoles de Jauja cuyos tributarios eran de la costa, lo que daba lugar al viaje permanente de los indios y al abandono de los cultivos. Era necesario pensar en otro lugar para la capital, y en línea recta hacía el mar estaban las costas cercanas a Pachacamac. Ahí también se encontraría con Almagro y Alvarado.

Estaba el gobernador haciendo los preparativos para el viaje, cuando lo asaltó un hecho previsto, aunque no por ello menos significativo en su vida. La ciudad de Jauja se llenó de júbilo y los vecinos hicieron juegos públicos de cañas a caballo como parte de la fiesta. Había nacido Francisca, la hija de Pizarro, y ese día era su bautizo.

La madre de Francisca era la princesa Quispe Sisa, hija de Huaina Capac y Contarhuacho, cuyo padre era un curaca importante de Huaylas. Era común que el Inca sellara sus alianzas desposando a una noble de la región anexada. Quispe Sisa era una jovencita de quince años cuando Atahualpa se la dio a Pizarro para afianzar la amistad de ambos.

Pizarro tenía ahora 56 años y se halló de pronto ante la extraña sensación de la paternidad. El tener a su pequeña mestiza en sus brazos le hizo pensar de manera ineludible en su infancia en Trujillo y en todas las privaciones que sufrió como bastardo. Ni Francisca, ni ninguno de los otros tres hijos que tendría Pizarro dejarían de llevar su apellido; dos nacieron de Inés Yupanqui, nombre cristiano que recibiera la madre de la niña, y dos de su amante, la princesa rebautizada por el propio Pizarro como Angelina.

Este nuevo sentimiento en el corazón de Francisco Pizarro le hizo pensar, poco después, en fundar una ciudad con el nombre de su Trujillo natal.

## MÁS ALLÁ DEL COLLASUYU

Francisco Pizarro recibió a Diego de Almagro con un abrazo y una sonrisa de satisfacción. Aquel viejo amigo, de tanto negociar buques y bastimentos en Panamá, había terminado haciendo un gran negocio con el mismísimo Pedro de Alvarado, hombre de gran temple y duro de roer.

Era el mejor momento en la relación de ambos. El mismo Almagro tenía bien centradas sus expectativas en armar una expedición hacia Chile, para la que esperaba contar con Hernando de Soto. Almagro se veía más jovial que nunca, su risa sonaba como antes, como en aquellos tiempos de Panamá.

Pizarro organizó una gran fiesta y les dijo a los españoles recién llegados con Alvarado que serían tratados como hermanos y que les reservaría buenas encomiendas. En cuanto las celebraciones terminaron, envió a Soto al Cusco para reunir la suma prometida para Alvarado. El gobernador de Guatemala zarpó el 5 de enero de 1535, desde un puerto natural recién descubierto y cuyo suelo estaba cubierto de guijarros. Por esto último, había sido denominado como El Callao.

El día 6, día de la epifanía de los Reyes Magos, Pizarro envió a tres jinetes para ubicar el lugar en el que fundar la ciudad capital. Los tres hombres eran

Ruy Díaz, Juan Tello de Guzmán y Alonso Martín de Don Benito. En pocos días hallaron un bello oasis costero, cuyas tierras se beneficiaban por tres ríos: el Rímac, que era el más importante, el río Chillón al norte y el río Lurín hacia el sur. El curaca Taulichusco tenía buen número de indios y recibió en paz a los españoles.

El día 13, Pizarro escuchó complacido la relación que le hicieron los tres delegados. Consideró que aquel descubrimiento obedecía a la intercesión de los santos reyes, por lo que decidió poner a la ciudad capital bajo su advocación. Al día siguiente y antes de dejar Pachacamac, se despidió afectuosamente de Almagro.

En ese momento, y como justo reconocimiento a su valiosa participación en la toma del Cusco y a su fidelidad, que no merecía dudas, Pizarro nombró a Almagro como su teniente gobernador en la ciudad imperial. Siendo Pizarro el gobernador de todas las tierras conquistadas, el cargo otorgado era el de mayor autoridad en cada ciudad. Ahora el nombramiento era un acto de justicia, pues nadie más que Almagro lo merecía.

La Ciudad de los Reyes fue fundada por Pizarro el 18 de enero de 1535. Se había elegido la margen izquierda del rio Rímac para trazar la plaza principal. Luego el gobernador puso la primera piedra y los primeros maderos para la iglesia mayor, que por voluntad de Pizarro estaría dedicada a la Virgen de la Asunción.

A finales de mes, Pizarro viajó al valle del Chimo para cumplir con su deseo de fundar una ciudad con el nombre de Trujillo. Entonces llegó

Fundación de la Ciudad de los Reyes como capital del Perú, la misma que lleva hoy el nombre de Lima.

un jovenzuelo, llevando un adelanto de las noticias que traía Hernando Pizarro de España.

El rey Carlos I había dado el 4 de mayo de 1534 una provisión firmada en Toledo por la cual ampliaba la gobernación de Pizarro en 70 leguas más y anulaba las 25 adicionales concedidas anteriormente. Hernando había sido el gestor de dicho decreto, con la intención de que la gobernación de su hermano incluyera, sin dudas, la ciudad del Cusco. Pero la provisión no entró en esos detalles, el Consejo de Indias no especificó si dentro de los límites de la gobernación de Pizarro se encontraba el Cusco.

Pero, además, el rey le concedía a Diego de Almagro una gobernación propia, la que tanto había anhelado y por la que los capitanes Cristóbal de Mena y Juan de Salcedo, amigos de su causa en

España, habían venido abogando. En efecto, el 21 de mayo de 1534, el emperador nombró a Almagro gobernador de Nueva Toledo. También le dio el título de adelantado de su nueva gobernación y el derecho a conquistar 200 leguas al sur de la gobernación de Nueva Castilla. El mismo Hernando Pizarro negoció con la Corona las capitulaciones relativas a Nueva Toledo, con la idea de ganar una jugosa gratificación que Almagro le había prometido, pero cuidando de dejar a salvo los derechos de su hermano.

Pizarro supo a medias del contenido de las capitulaciones. Si bien le pareció legítimo el otorgamiento a favor de Almagro, la imprecisión con respecto al Cusco le pareció alarmante. Al estar Almagro como teniente gobernador del Cusco, era enormemente arriesgado que asumiera que la ciudad estaba bajo su gobernación. Supo entonces que un tal Diego de Agüero había salido raudo al Cusco para darle la buena nueva a Almagro. Entonces debía actuar rápido, sin miramientos ni diplomacia.

Pizarro envió a un emisario al Cusco con despachos que revocaban los poderes de Almagro como teniente gobernador y se los trasladaba a su hermano Juan. Pizarro eligió a Juan, pues a pesar del poco protagonismo militar que había tenido hasta entonces, se había ido ganando sus mejores afectos. Juan era valiente y animoso, sin ser violento como Hernando, ni difícil y vanidoso como Gonzalo. Era, de alguna manera, de naturaleza más templada y cercana a la suya.

El emisario llegó al Cusco y de inmediato fue a la casa de piedra donde residían juntos los hermanos Pizarro. Al tener los dos hombres conocimiento del despacho de su hermano, se alertaron.

Llamaron a los vecinos importantes y a los regidores de la ciudad a su casa. Los instaron, de parte del gobernador, a que no aceptasen a Almagro como teniente gobernador.

Al enterarse Almagro del nombramiento de la Corte y de la actitud de Pizarro y sus hermanos, le dio por pensar que, quizás, sí estaba el Cusco dentro de su gobernación. El acuerdo que tenía con Pizarro desde 1530 era que la gobernación de su socio llegaba hasta Chincha y que no pediría merced alguna a la Corona, hasta que él tuviese su propia gobernación. Era cierto que por derecho de conquista Cusco podía pertenecerle a Pizarro. Pero ¿acaso no había participado él como nadie en las maniobras militares?

Los hombres de Alvarado que se habían quedado con Almagro pensaban igual. Su ex jefe les había dicho siempre que Pizarro no tenía derecho legal sobre el Cusco, e instaban a Almagro a tomarlo.

Juan y Gonzalo Pizarro se encerraron en su vivienda ante las bravuconadas demostradas por los almagristas. Hernando de Soto trató de persuadirlos a que depusieran su actitud de supuesta rebeldía, y les pidió volver al orden. Soto buscaba congraciarse con Almagro para salir, según lo ofrecido, a la conquista de Chile. Le salió mal, los Pizarro y sus hombres trataron de apresarlo tildándolo de bellaco y traidor. Soto apenas pudo huir.

Cuando todo parecía llevar a un enfrentamiento armado, se supo de la inminente llegada de Pizarro al Cusco.

Pizarro gozaba del aprecio de los suyos y del respeto de sus adversarios. Tan pronto como llegó y aún con el polvo del camino, le fue al encuentro el mismo Almagro. Todos consideraban a Pizarro un buen y justo componedor.

Las reuniones entre ambos socios se dilataron un poco. Pizarro entendía perfectamente que sus derechos incluían el Cusco, tanto por haberlo conquistado como por estar dentro de la gobernación de Nueva Castilla. Pero no solo eso, el Cusco era el centro del Imperio cuya conquista le había tomado tantos años y sacrificios. ¿Cómo dejarlo en manos que no fueran las suyas?

Al final se llegó a una fórmula de arreglo: la gobernación de Nueva Toledo no incluiría a la ciudad del Cusco; a cambio, Pizarro le daría a su socio todas las facilidades para la conquista de Chile y el establecimiento de su gobernación. En caso de que la fortuna determinase que no se hallaran buenas tierras en el sur, Pizarro se comprometería a darle a Almagro una parte de la gobernación de Nueva Castilla. Finalmente, renovaron la compañía que ambos tenían hecha.

El 12 de junio de 1535, los dos gobernadores y socios oyeron misa juntos y juraron ser fieles a su acuerdo. Al momento de la eucaristía, como antes hicieran ante Luque, ambos comulgaron de una misma hostia en señal de fidelidad y hermandad.

En los últimos días del mes, salió el primer contingente de soldados a la conquista de Chile, iban más allá de lo que los incas habían denominado el Collasuyu, la zona más austral del Tahuantinsuyu. El 3 de julio salió Almagro con otro grupo de españoles; iban también con él el príncipe Paullu, hermano de Manco Inca y el Villac Umu. Ambos debían asegurarle al nuevo gobernador el apoyo de las poblaciones indias y de los curacas de aquellas regiones.

Los españoles habían escuchado historias maravillosas de Chile: de dos reyes guerreros que se pasaban su vida luchando, de tierras fabulosas regadas por dos generosos ríos que se helaban de noche y de muchos tesoros, ídolos y sacerdotes. Lo que no sabían Almagro y su enorme expedición de más de quinientos españoles es que aquellas historias habían sido contadas por los naturales solo por deshacerse de la devastadora presencia de los cristianos.

## EL SITIO DE LA CIUDAD IMPERIAL

Cuando Hernando Pizarro asumió el cargo de teniente gobernador del Cusco, encontró a Manco Inca en una situación inaudita. En una habitación oscura que hacía de celda, encadenado y durmiendo en el suelo con ropas inmundas, no era ni el pálido reflejo del Inca amigo. De aquel Inca que había apoyado a las huestes española con miles de guerreros en contra de los quiteños.

Eran los inicios del año 1536. En Lima, Francisco Pizarro había quedado satisfecho. Había recibido de manos de Hernando la Cédula Real por la que se ampliaba su gobernación 70 leguas más. Con ella, no cabía duda en cuanto a los limites de las dos gobernaciones y se zanjaría del todo el diferendo con Almagro. Y no solo eso, al arreglo y la salida de los almagristas del Cusco se había sucedido la partida de Hernando de Soto y sus tropas del Perú. Soto se fue decepcionado y rechazado, ya que los dos bandos terminaron desconfiando de él. Para Pizarro, era un alivio la salida de escena de aquel vehemente y conflictivo capitán.

Ahora en el Cusco y bien recibido por vecinos y encomenderos, Hernando Pizarro buscó poner orden en la ciudad. Supo de los asesinatos y atentados perpetrados por los indios en contra de los encomenderos. Estos últimos, al haber recibido de Pizarro depósitos provisionales de indios, trataban de sacarles el máximo provecho en el menor tiempo, tratándolos como a esclavos y sometiendo a los curacas a cargas e impuestos abusivos.

Juan y Gonzalo desoyeron las quejas de los indios y formaron tropas de castigo contra los naturales, que en realidad eran de venganza y escarmiento indiscriminados.

Pero en cuanto a sus hermanos, también supo de los abusos cometidos por estos contra Manco Inca. El Inca no había accedido a los licenciosos deseos de los dos hermanos, quienes le exigían que entregara a sus mujeres para fornicarlas. Manco Inca había tratado de huir del Cusco dos veces y por eso lo habían encadenado. En una oportunidad, viéndose en ese estado, varios españoles totalmente ebrios habían orinado sobre el Inca sin que este perdiera la compostura de su estirpe. En otra, Gonzalo había tomado a Cura Ocllo, la esposa principal y favorita del Inca, desnudándola y violándola delante de él; tras eso, tanto Gonzalo como muchos otros hispanos habían tomado a la fuerza a las demás mujeres.

De inmediato, Hernando Pizarro ordenó que se le quitaran las cadenas al Inca, aunque no le retiró el cautiverio al que estaba sometido.

Entonces llegaron al Cusco, rumores de la muerte de Almagro y del levantamiento de los indios del Collao, con el príncipe Paullu y el Villac Umu a

Trato tiránico perpetrado por los españoles en contra
de los naturales.

la cabeza. Hernando inquirió a Manco Inca sobre
todo esto. El Inca le dijo que Paullu seguía en el
Collasuyu, que el Villac Umu había escapado por los
malos tratos de Almagro y que los indios del Collao
estaban levantados, pero que no había relación
alguna con los suyos. Hernando se mostró complacido con la explicación y obsequió al Inca con unas
joyas traídas de España que lo alegraron mucho.

Para Hernando, el trato digno a Manco Inca le
aseguraba la colaboración de la aristocracia cusqueña, el control de los curacas de la región y la
colaboración en la búsqueda de objetos de oro,
ocultos todavía desde la toma del Cusco. El interés
de Hernando por el oro era más que manifiesto.

Un día Manco Inca le propuso a Hernando
encontrarle una estatua de oro que estaba enterrada
en los alrededores. Parecía un acto de reciprocidad

por las joyas recibidas, así que Hernando creyó en la oferta y autorizó al Inca a ir en su busca. En unos días, Manco Inca volvió con una primorosa estatuilla de 80 centímetros de alto. Hernando, maravillado, no dudó en concederle al Inca un nuevo permiso, pero esta vez para ir a Yucay, un lugar cercano, en busca de otro tesoro.

Manco Inca partió el 18 de abril de 1536 y nunca volvió. Los vecinos estaban irritados por la ambición y el exceso de confianza de Hernando Pizarro. Se tomaron todas las precauciones para una posible defensa de la ciudad. Del mismo modo, Hernando envió unos mensajeros para ubicar al Inca sin resultado alguno. Luego envió a su hermano Juan con un escuadrón de jinetes en su busca, llegaron a Yucay y sobre la otra orilla del río Vilcanota, vieron una masa humana de más de 10.000 guerreros indios. Los españoles y sus auxiliares indios cruzaron el río y atacaron a los sublevados causando estragos. Ahí estuvieron tres días, hasta que recibieron la llamada de Hernando con la orden de volver al Cusco de inmediato.

A lo largo de media legua a la redonda, la llanura y los montes parecían cubiertos de un enorme manto oscuro. Era el color de las ropas de decenas de miles de indios sublevados que tenían cercado el Cusco. Parecía un inmenso chaco, algo así como aquel chaco realizado en homenaje a los cristianos en las tierras de Jauja. Solo que ahora las presas de caza eran los propios hombres blancos.

Durante la noche, las fogatas encendidas en los cerros parecían un cielo estrellado. Los guerreros indios daban alaridos y gritaban, causando terror en los españoles del Cusco. Los sonidos ululantes de los pututos de guerra, el botín de los tambores y la agitación de los guerreros movilizándose desde las montañas causaban pánico entre los hispanos. Consideraban inaudito que aquella multitud se hubiese reunido en tan poco tiempo, era seguro que Manco Inca había estado conspirando desde hacía mucho.

El 6 de mayo amaneció tomada la fortaleza de Sacsahuaman, punto clave de acceso a la ciudad. Todo parecía invadido por tropas quechuas al mando de importantes curacas. Algunos hispanos vieron o creyeron ver al Villac Umu sobre su litera de guerra, organizando el sitio a la ciudad.

Hernando Pizarro dispuso que el mayor contingente de hombres se parapetase en el centro del Cusco alrededor de plazas y palacios. Ahí también se desplegaron tiendas para la tropa auxiliar. Hernando dispuso a sus 70 hombres a caballo en tres grupos, al mando de su hermano Gonzalo, de Gabriel de Rojas y Hernán Ponce de León, respectivamente. Hernando estaría a cargo de la defensa del centro con 110 soldados y unos 70 esclavos indios y negros. Para la defensa española del Cusco se sumaron unos 15.000 indios aliados.

Pocos días después se produjo el ataque indígena. El grito ensordecedor y endemoniado de los naturales hizo retumbar la tierra. Flechas encendidas y piedras humeantes lanzadas con hondas alcanzaron los techos de paja de las edificaciones. Proyectiles de piedra y hasta las cabezas cortadas de algunos españoles capturados y muertos por los indios rodaron por la ciudad. A la vez, grupos de sublevados levantaban empalizadas en las calles de la ciudad para evitar la intervención de los caballos.

Hernando arengaba sin descanso a sus hombres. Conforme a su plan, envió a los tres grupos de jinetes a frenar el ingreso de los quechuas y retomar Sacsahuaman. Para derribar las barricadas puestas en su contra, mandó por delante a los indios norteños, que eran los más fieles a los hispanos.

El camino a Sacsahuaman estaba lleno de escollos. Los indios habían hecho hoyos en los que se hundían las patas de los caballos, y rompieron canales para que se atascaran en el fango. Las flechas llovían de las alturas, pero a pesar de todo, la mayor parte de jinetes y equinos llegaron hasta la ciclópea fortaleza de piedra.

Conocedores de que los indios preferían combatir de día, los españoles atacaron de noche. Juan Pizarro ordenó a la mitad de la tropa desmontar y proceder al asalto. Los hispanos tenían la experiencia de escalar alcázares moriscos, y la hicieron valer usando incluso escaleras. Los indios disparaban flechas y guijarros desde lo alto, causando heridas y bajas en los cristianos. Juan Pizarro había tomado la palestra con coraje, cuando una enorme piedra le rompió el cráneo. Muchos indios caían de lo alto alcanzados por los arcabuces.

En la ciudad, los españoles y sus indios aliados hicieron retroceder a los invasores. Informado Hernando de lo que acontecía en Sacsahuaman y recibiendo a su hermano herido de muerte, salió de madrugada y tomó él mismo el control de las ope-

Defensa de la posesión indígena de la fortaleza de Sacsahuaman, ante el ataque español.

raciones. No fue suficiente. El asalto se dio a lo largo de varios días y terminó con el sitio de la fortaleza.

Durante la contienda, un sector de la aristocracia cusqueña se pasó al lado español para conservar sus privilegios ganados. También algunos caciques indios se cambiaron al bando hispano, facilitando la victoria de los cristianos.

Al final, cansados y hambrientos, los indios de Sacsahuaman se rindieron o trataron de huir. Unos y otros fueron masacrados a cuchillo. Pero también algunos salvaron su honor arrojándose al vacío, destrozando su cuerpo contra las rocas. Ese fue el caso del orejón Titu Cusi Huallpa, que defendió ferozmente una de la torres y que al verse perdido se envolvió en su manto y se lanzó a la muerte.

Las acciones bélicas se sucedían esporádicamente. Los asaltos de los indios sobre los españoles se hicieron una amenaza permanente. Juan Pizarro falleció después de dos semanas, al cabo de una dolorosa agonía. Grupos de jinetes vigilaban los campos para asegurar la provisión de alimentos.

En medio de todas aquellas incertidumbres y peligros no había noticias, ni menos aún apoyo de la Ciudad de los Reyes.

## ATAQUE A LA CIUDAD DE LOS REYES

Francisco de Godoy y su escuadrón de jinetes volvieron a todo galope a Los Reyes. Los soldados contuvieron las bridas de sus bestias en la Plaza de Armas. El revuelo era total, y los vecinos se precipitaron a las calles, intrigados por el regreso apresurado del alcalde de la capital.

Godoy se veía consternado, se bajó de la grupa del caballo y se acercó a la casa del gobernador. Pizarro salió de inmediato. Era el quinto contingente que enviaba a la ciudad del Cusco en apoyo de sus hermanos. El alcalde se limitó a referir que de la expedición anterior de Alonso de Gaete solo habían sobrevivido dos hombres al ataque de indios cerca de Jauja. Por dicho motivo, Godoy había decidido volver para no correr la misma suerte.

Pizarro sintió furia y una enorme pena. Era presumible que hubiese acaecido lo mismo con las demás expediciones al Cusco. Habían muerto entonces casi doscientos españoles, cuatro capitanes y más de cien caballos. Era un altísimo precio. Cada hombre era valioso como cristiano y como soldado. Cada caballo era un arma de guerra mortal contra los indios. Pizarro se había enterado del alzamiento de Manco Inca y de los miles de indios que estaban sitiando la ciudad del Cusco, pero no imaginaba que la rebelión se hubiese generalizado en toda la sierra.

A Pizarro le iban llegando más noticias funestas de caciques sublevados y españoles muertos. Incluso se llegó a saber que las cabezas de los cristianos emboscados y los cueros de sus caballos adornaban las fortalezas en poder de Manco Inca, especialmente la de Ollantaytambo, su estancia principal.

Este acto bestial causó indignación y terror entre los residentes de la capital. Era necesario actuar, y debía ser de inmediato.

Pizarro deliberaba con sus capitanes sobre las medidas a tomar, cuando llegaron a la ciudad unos indios de los alrededores quejándose de que habían aparecido quechuas que les habían robado sus sembrados y que, por protestar, les habían matado a sus mujeres y niños.

El gobernador envió a un tal Pedro de Lerna con veinte hombres a caballo para saber qué sucedía. La distancia era menor, solo a tres leguas de la Ciudad de los Reyes. Era la primera hora de la noche y Lerna había avanzado apenas dos leguas, cuando de repente se encontró casi rodeado por cientos de indios, luego por miles.

El grupo de españoles se detuvo, y los indios también, ambos esperaban ser atacados. Lerna quiso hacer un cálculo adecuado de las fuerzas enemigas: eran unos veinte mil guerreros que se movilizaban hacia la capital. Luego los hispanos sacaron sus armas, mataron algunos indios para distraer su atención y volvieron raudos para informar al gobernador.

En la Ciudad de los Reyes los españoles no llegaban a mil. La ciudad había sido diseñada bajo la forma de un tablero de ajedrez, con calles rectas que tenían como eje la Plaza de Armas; esta, que era el centro político, estaba muy cerca de la margen izquierda del río Rímac. Al otro lado del río estaba el gran cerro al que los conquistadores bautizaron como San Cristóbal, poniendo en lo alto una cruz de madera. La cruz y el cerro dominaban la ciudad.

Pizarro supo de la proximidad del ejército indio, tomó las armas, se puso la armadura y se aprestó a comandar la defensa de la capital. De inmediato, sus capitanes y los mismos vecinos se opusieron. Le hicieron ver su valía para dirigir las acciones, pero estar al frente era exponerse, era obvio que sería el blanco preferido de los naturales. Pizarro aceptó, nadie quiso decirle que ya estaba demasiado viejo para aquellos avatares; él tampoco quería reconocerlo, por encima de todo él era un soldado.

Pronto los españoles supieron que al frente de las fuerzas enemigas estaba Titu Yupanqui, general de Manco Inca. Fiel a su nueva estrategia, hizo que sus fuerzas se instalasen en los cerros aledaños a la ciudad, en particular en el cerro San Cristóbal. Los españoles de Los Reyes amanecieron entonces con miles de indios en sus narices, tanto que era fácil divisar los movimientos de los naturales, unos aprestando sus armas, otros llevando víveres para su ejército.

Pizarro ordenó una primera salida de caballos contra los indios. Fue inútil, los sublevados no dieron batalla, replegándose a la margen derecha del río. Cruzarlo a caballo exponía a los españoles innecesariamente, los indios subirían al cerro donde las cabalgaduras no servían y estarían mejor, al alcance de los dardos y guijarros del enemigo.

El enfrentamiento entre ambos ejércitos comenzó con escaramuzas. Los indios hacían incursiones de sorpresa por un lado u otro de la ciudad, los vecinos daban la alarma y salían los jinetes para repeler el ataque. Los naturales guerreaban por escuadrones, mientras unos atacaban, los otros ovacionaban desde los cerros. Parecía un juego macabro que daba por descontado el final de los españoles.

Al día siguiente, los pobladores de Los Reyes elevaron la vista hacia el cerro San Cristóbal y vieron que la gran cruz de madera, emblema de su cristiandad, había desaparecido. El mensaje era claro. Ese día también se produjeron refriegas entre atacantes y defensores. Pizarro se preocupó de las vías de aprovisionamiento de la capital. Fue informado de que la vía hacia el Callao era segura, gracias a los yungas de Piti Piti. También tenía el apoyo incondicional de los indios de Lurigancho, Surco, Pachacamac, Huarochirí y Chilca, los cuales no querían volver al dominio inca y estaban bien dispuestos como guerreros, cargadores de armas y prestos a asegurarles el suministro de víveres.

Pero si querían quebrar el cerco al que estaban sometidos, debían pasar al ataque de las posiciones enemigas. Pizarro convocó a consejo de guerra y se decidió a atacar el cerro San Cristóbal. Era indispensable desbaratar aquel inminente peligro y tomar una posición estratégica. El ataque se haría de noche, y como el asalto sería dado por la infantería, a Pizarro se le ocurrió hacer unos escudos grandes de madera para proteger a los hombres de las flechas y las piedras de los indios.

El plan se puso en marcha. Los indios aliados, especialmente los del curaca Taulichusco del valle del Rímac, arriesgaban permanentemente sus vidas por proveer a la ciudad de leña, víveres y suficiente hierba para los caballos.

Pero Pizarro tenía una visión más amplia de la situación, sabía del sitio al Cusco y con furia y congoja imaginaba muertos a todos sus habitantes, incluidos sus tres hermanos. Como bien sabía, las comunicaciones entre Los Reyes y la antigua capital inca estaban bloqueadas, por lo que era evidente que la sublevación era generalizada. Pensó entonces en Trujillo, ordenó que un navío saliera para allá para evacuar a las mujeres y los niños a Panamá. Luego despachó navíos a Guatemala, Nicaragua y Panamá, solicitando ayuda a sus respectivos gobernadores. Pizarro vio que estaba a punto de perder todo lo ganado.

Por otro lado, Pizarro había descubierto al verdadero autor de aquel papel infamante que, años atrás, lo acusaba de carnicero y por el cual había sido deportado Juan de la Torre. Pizarro le envió una carta invitándolo a reunirse con él e informándole sobre Manco Inca. Cuando Juan de la Torre llegó a Los Reyes, Pizarro lo abrazó y le pidió perdón públicamente.

Desoyendo por fin el consejo de todos, Pizarro ahora recorría la ciudad en su caballo de guerra, acompañado por Jerónimo de Aliaga, su alférez mayor. Apenas sonaba la trompeta anunciando un ataque de los indios, iba raudo al lugar de la lucha, arengando a sus hombres a viva voz.

Cuando al sexto día del sitio, estuvieron listos los escudos para el asalto al cerro San Cristóbal, la decepción fue total. Eran demasiado pesados e inútiles para la batalla. Pizarro trató de elevar la moral, les dijo a sus hombres que había hecho llamar al capitán Alonso de Alvarado que andaba en Chachapoyas, y que cuando llegase pasarían a la acción.

Entonces, de repente, los españoles vieron mudos de asombro que las tropas incas se movilizaban y formaban, sonaron los tambores de guerra de los naturales y alzaron al viento sus banderas. Entre ellos y al frente, Titu Yupanqui iba de pie en su litera de guerra. Al ver esto, Pizarro pensó inmediatamente en Cajamarca. Ordenó rápidamente a sus hombres a caballo en dos escuadrones, ocultándolos en lugares de la Plaza de Armas donde no pudieran ser vistos. Los indios bajaron del cerro y atravesaron el río Rímac entrando en las calles vacías. Confiados, fueron directos a la plaza, que se fue llenando de guerreros indios que gritaban contra los españoles, vociferando y burlándose de sus barbas y del mar de su origen. Escondidos, los soldados se sintieron intimidados, pero sujetaron con fuerza sus armas.

Los indios gritaron y vitorearon. Entonces Titu Yupanqui señaló la casa de Pizarro para iniciar el ataque, pero en ese momento los naturales se encontraron con las cabezas y las coces de los caballos. La arremetida fue sangrienta, los indios caían mutilados, los cráneos destapados expulsaban la masa encefálica y la plaza se anegaba de sangre. Pero la sorpresa ante los equinos ya no era una ventaja española. Los nativos los alcanzaban a flechazos y las bestias se desmoronaban jadeantes, dejando a sus jinetes al alcance de las macanas y porras de los indios. Una vez asestado el golpe de gracia, los indios no paraban hasta dejar el cuerpo del cristiano destrozado.

Los jinetes tenían la orden de Pizarro de atacar a los caudillos. Identificados, eran blanco de los hispanos, que los acuchillaban sin piedad. Pero el objetivo mayor era Titu Yupanqui, que combatía desde su litera. Un tal Pedro Martín de Sicilia enfiló su cabalgadura hacia el general inca y le atravesó el pecho con su lanza. Al ver a su caudillo principal en tierra y bañado en sangre, las tropas indias se retiraron de inmediato; de acuerdo con su idea de mundo, no podían guerrear sin un líder.

El inmenso ejército de indios se concentró de nuevo en la margen derecha del Rímac. Se apostaron en lugares seguros, esperando la llegada de un nuevo jefe o cacique que los guiara. Los españoles lamentaban mucho las pérdidas sufridas, pero se congratulaban por el triunfo. Sin embargo, el peligro no había disminuido.

En aquellas instancias, se produjo un hecho insospechado. Cuando más esperaban los españoles un nuevo ataque de los naturales, las tropas indias comenzaron a dispersarse. Desde la sierra, la tierra de los huaylas, la ahora curaca Contarhuacho, madre de Inés Yupanqui y abuela de Francisca Pizarro, venía con miles de indios huancas capitaneados por otros tres curacas del valle. La curaca, como era natural, venía en defensa de su familia, y por ende de los españoles.

## RESENTIMIENTOS Y CONJURAS

La noche del 8 de abril de 1537, en medio del retumbar de tambores y pífanos, la hueste de Diego de Almagro ingresó militarmente al Cusco por tres sectores distintos. El escuadrón principal, con Rodrigo Orgóñez a la cabeza, tomó el camino hacia la morada de Hernando Pizarro.

Ante la defensa cerrada de Hernando y su negativa de entregar sus armas, Almagro ordenó prender fuego al techo de paja, y la vivienda ardió de inmediato. Cuando Hernando y sus hombres acantonados iban a ser sepultados por las llamas, salieron furiosos y se vieron despojados de sus espadas.

Almagro había tenido un fracaso calamitoso en Chile. Inicialmente había partido por el camino inca, bordeando la orilla occidental del lago Titicaca. La altitud estaba entre los 3.700 y 4.000 metros sobre el nivel del mar, y aunque el relieve no era tan accidentado, el invierno austral hizo poco a poco presa de sus hombres. Además, los alimentos comenzaron a escasear, ya que las poblaciones estaban muy distantes unas de otras. Como la región no tenía ningún atractivo, decidieron tomar el camino del oeste y cruzar la cadena montañosa que siempre los había acompañado a la derecha.

La expedición de Almagro cruzó la cordillera. Cientos de kilómetros, el frío glacial, los precipicios y la falta de recursos diezmaron a españoles, indios y negros esclavos. Más de quinientos murieron, y la carne de los caballos congelados sirvió de subsistencia. Gracias a que viajaban en mejores condiciones, la mayoría de españoles llegó al sur de Chile. Pero ahí, más que nada, hallaron nativos difíciles de reducir y poquísimo oro. En suma, todo lo contrario al nuevo Cusco que esperaban encontrar.

Almagro había masticado su sinsabor durante casi dos años. Ese tiempo de eternidad, viajando enfermo a lo largo de más de mil kilómetros y muchas veces al borde de la muerte, había imaginado a su socio, a Pizarro, viviendo de plácemes con todo el oro acumulado. Nada justificaba quedarse, debía volver y recuperar lo que era suyo. Si ambos habían hecho *compañía de bienes,* lo justo era que Lima fuese para Pizarro y Cusco para él. Además, habían convenido que en caso de que él no tuviera fortuna en Chile, Pizarro compartiría con él su gobernación.

Para su regreso, Diego de Almagro escogió la vía de la costa. Esta vez fueron interminables desiertos, más de 2.000 kilómetros de árida costa en la peor época del año, en medio de un calor abrasador. De ahí volvieron a subir la cordillera por la región de Arequipa, y otra vez el frío helado que incluso privó de la vista a algunos españoles.

Almagro tenía la palabra de Pizarro de compartir Nueva Castilla, pero era aguijoneado por sus huestes resentidas y descontentas, que lo inducían a que tomara el Cusco por la fuerza. Hacerlo enfrentaría a españoles contra españoles, y no era una decisión fácil de tomar. Pero entonces Almagro se enteró de la Cédula que ampliaba la gobernación de Pizarro en 70 leguas más al sur. Lo consideró una patraña. En Panamá habían acordado que los Pizarro no pedirían merced alguna hasta que él tuviera su gobernación. Sin dilaciones y con el respaldo de sus tropas, Almagro le había exigido a Hernando Pizarro que le entregara la ciudad del Cusco. Su negativa lo obligó a tomarla por la fuerza, apresando a Hernando y a Gonzalo.

Alonso de Alvarado llegó de Chachapoyas cuando el cerco a Los Reyes se había disuelto. Llegó con 30 jinetes, 50 infantes y un gran número de indios auxiliares. Pizarro lo esperaba, y con la mayor prontitud preparó una expedición de ayuda al Cusco o de rescate de supervivientes. Pizarro lo urgió a inquirir por sus hermanos y organizó un ejército bien armado de 100 hombres a caballo y 150 peones. Alvarado salió del valle del Rímac a inicios de noviembre de 1536, sin imaginar que a la amenaza inca se iba a sumar la rebelión almagrista.

Con ánimo de pacificar y allanar las comunicaciones entre la costa y la sierra. Alvarado se enfrentó con destacamentos de indios, de los que salió airoso. Por el camino de Pachacamac puso rumbo a Jauja, donde hizo reprimir a los sospechosos de haber apoyado la gran sublevación. Les cercenó los brazos a los hombres y les cortó los pezones a las mujeres. Luego enfiló hacia Abancay y contuvo emboscadas en su contra que terminaron con numerosos indios muertos.

En Abancay se enteró de lo que pasaba realmente en el Cusco. El 12 de julio de 1537, trató de defender el paso del río Apurímac, que era la ruta que tomarían los de Chile, cuando fue asaltado por sorpresa y obligado a rendir sus armas ante Almagro. Alonso de Alvarado acabó en la misma prisión que los hermanos Pizarro.

Almagro sabía perfectamente de lo delicado de su situación. Tenía preso al teniente gobernador designado por Pizarro, representante del rey, además de a varios capitanes y a soldados cercanos a su socio. En realidad él había pensado que Alvarado llegaba para recuperar el Cusco. Ahora las cosas se iban a un camino de no retorno, él había ordenado desarmar a los pizarristas, pero se les quitaron también sus caballos, obligándoles a ir a pie, lo cual era una afrenta mayor. Además, irregularmente fueron despojados de haciendas y bienes, sus encomiendas entregadas a los almagristas y sus concubinas indias fueron violadas.

Entonces Almagro trató de legitimarse en el poder, capturando a Manco Inca. En realidad, antes de tomar el Cusco, Almagro había desarrollado toda una iniciativa diplomática para persuadir al Inca de llegar a una alianza política con España. La idea era acusar a Juan y Gonzalo Pizarro de haber maltratado a Manco y, por ende, hacerlos culpables directos de la rebelión indígena. Así, logrando la paz con Manco Inca, Almagro sería considerado el salvador del Perú y legítimo gobernador del Cusco.

Aquella idea había fracasado, por mensajes insidiosos enviados por Hernando Pizarro al Inca. Ahora, desarrolló con Orgóñez, su capitán y consejero, un ataque brutal que tomó desprevenidos a los indios en medio de una fiesta religiosa, masacrando al séquito del Inca. Las mujeres indias se suicidaron desde un despeñadero para no caer en manos españolas; el mismo Manco Inca y el Villac Umu estuvieron a punto de ser tomados prisioneros. Al final, muchos indios fueron capturados, entre ellos Titu Cusi Yupanqui, el hijo del Inca.

En la Ciudad de los Reyes, Pizarro tomó completo conocimiento de lo acontecido. Primero lamentó amargamente la muerte de su hermano Juan, luego se preocupó sobremanera por la situación de sus otros dos hermanos. En cuanto a Almagro, estaba indignado y decepcionado. En una situación de sublevación indígena aún vigente en los Andes, con focos de rebelión no conjurados, era inadmisible que su socio hubiese actuado de manera tan negligente. Había tomado el Cusco sin tener derecho, ambos habían definido que la ciudad pertenecía a Nueva Castilla. La Cédula Real solo había formalizado un acuerdo que ellos ya habían tomado, y si algún reclamo hubiera tenido Almagro, debería haberlo buscado a él para entenderse. Pero ahora había desestabilizado el frágil dominio español en el sur. No solo había encerrado a sus hermanos y capitanes, sino también al mismo Alvarado, desbaratando la tropa que él había mandado contra el Inca rebelde.

Trató de serenarse. Debía actuar con la mayor prudencia, o las armas de los propios españoles chocarían entre sí. Lo mejor era enviar una carta y un emisario. Pensó en Nicolás de Ribera, viejo amigo respetado por ambos. Llamó entonces a su secretario y dictó la misiva en el tono más conciliador que pudo. Le pidió amablemente a su socio que soltase a su hermano Hernando y a los demás que tenía presos, y que sin discusiones ni guerras se conformase y atendiese a mirar las provisiones del emperador y los términos de las gobernaciones.

Nicolás de Ribera viajó y le entregó la carta a Diego de Almagro. Este la leyó, y al hacerlo le pareció escuchar la voz del amigo, realmente hubiera deseado llegar a un acuerdo con él, pero ahora no hablaba solo por y para sí, sino por los capitanes y soldados que lo habían acompañado en Chile, que buscaban ahora un espacio digno en la tierra perulera. Peor aún, Pizarro en su carta hacía mención a las 70 leguas logradas por Hernando ante la Corte, un asunto para insultar a cualquiera.

Sin recibir todavía respuesta, Pizarro dio orden en Los Reyes para hacer junta de soldados. La idea era estar preparados para cualquier trance. De sus llamadas de auxilio a las otras gobernaciones españolas en América había recibido la llegada de cientos de soldados, entre ellos había veteranos de Flandes,

armados con arcabuces más modernos y eficaces.
También recibió Pizarro armas nuevas, ropas de seda
y todo tipo de aderezos de batalla. Todo ello había
mejorado notablemente la seguridad en la ciudad
capital, aunque también, sin duda, había aumentado
la capacidad disuasiva del ejército del gobernador.

## ENTREVISTA AL FILO DEL ABISMO

La ceremonia concluyó con el acatamiento de
los indios presentes. Uno a uno, le fueron entre-
gando regalos al nuevo Inca. Diego de Almagro
pretendía demostrar que la era y rebelión de Manco
Inca había terminado, y le ceñía la mascapaycha
real al príncipe Paullu. Este le había sido siempre
fiel en su malograda expedición a Chile, en la captura de Alonso de Alvarado e incluso había puesto
miles de guerreros a su servicio contra las fuerzas
de su hermano Manco.

Fue el mismo Manco Inca quien, considerando la estirpe de Paullu, lo dejó como lugarteniente suyo en el Cusco en 1534, cuando viajó con
Pizarro a Jauja en la guerra contra los quiteños.
Paullu siempre defendió la autoridad de su hermano como Inca, por eso, cuando a Manco le solicitaron enviar un contingente indígena para apoyar
a Almagro en su viaje a Chile, no dudó en designar
a Paullu y al Villac Umu. Paullu no siguió al Villac
Umu, cuando este volvió al Cusco para rebelarse
junto a Manco Inca y más bien su presencia en el
sur fue invaluable.

Paullu se presentaba ante las poblaciones nativas y solicitaba víveres. Los indios de Paullu, inclusive, guiaron a los españoles hasta los pozos de agua a través del desierto y los limpiaron antes de su llegada. Sin Paullu, ningún hispano habría vuelto.

En el Cusco, Manco Inca no pudo entender ni aceptar que su hermano se pasara al lado español, menos aún que pretendiera la mascapaycha real. Envió sendos mensajeros para persuadirlo de que se le uniera en Vilcabamba. Paullu no aceptó, dijo que él siempre haría amistad con aquellos hombres que eran tan valientes y para quienes nada era imposible.

En la capital, Pizarro estaba dolido con Almagro y hondamente inquieto por la vida de sus hermanos. Convocó a una junta entre los hombres principales de Los Reyes. En ella se conformó una delegación para negociar con Almagro.

Para entonces, estaba en la ciudad nada menos que Gaspar de Espinosa, el aparente socio de la conquista, tan amigo de ambos hombres en disputa y que había llegado trayendo ayuda militar para Los Reyes. A finales de 1534, Hernando de Luque había fallecido sin haber recibido la unción episcopal prometida ni haber gozado de los beneficios de la empresa del levante. Pero desde Panamá, Espinosa había mantenido una actividad permanente de apoyo a la causa perulera, ya fuera fletando embarcaciones o enganchando soldados. También proporcionaba permanentemente a las autoridades de la Corona y a la prensa europea las noticias de la conquista.

Ahora su misión era mayor; reconciliar a los hombres más prominentes de la conquista del Imperio Inca. Así, Gaspar de Espinosa y cinco amigos seguros salieron del valle del Rímac hacia el

Cusco. La instrucción de Pizarro fue expresa: que con todas sus fuerzas procurasen tratar la paz lo mejor que pudiesen. En el camino se encontraron con Nicolás de Ribera, quien volvía descorazonado de su entrevista con Almagro.

En el Cusco, los delgados constataron que Rodrigo Orgóñez, consejero de Almagro, trataba de inducirlo a tomar la capital y ejecutar a Hernando Pizarro. Ante estos peligros, Espinosa y los demás solicitaron permiso para conferenciar con Hernando. La pretensión de Almagro era que su gobernación llegara hasta Mala, punto intermedio entre Chincha y la Ciudad de los Reyes; además, deseaba poner el diferendo ante el obispo de Panamá, fray Tomas de Berlanga.

Hernando, ansioso por recobrar su libertad, sugirió que se aceptara la propuesta. Los delegados volvieron ante Almagro y pactaron que, ante la ausencia del obispo de Panamá, fueran dos caballeros de cada bando los que dirimieran la contienda, ayudados por pilotos de la mar. El documento que estipulaba lo dicho se firmó el 28 de agosto de 1537.

Cuando los delegados se aprestaban para volver ante Pizarro, se produjo el deceso de Gaspar de Espinosa, un hombre que fue brutal contra los indios, confabuló contra Balboa y, poco a poco, se hizo respetable ante todos, gozando del pleno favor de los conquistadores. Un valioso mediador entre Pizarro y Almagro dejaba la vida en tierras peruleras.

Almagro tenía en realidad un enorme problema de aislamiento. Su control efectivo se circunscribía al Cusco y los valles colindantes. Necesitaba un asentamiento en la costa, y más precisamente un puerto. Solo de ese modo podría comunicarse con la Corona para hacer conocer sus pretensiones y defender sus derechos. También necesitaba el comercio marítimo con Panamá para proveerse de todos los bienes que no se obtenían en el Perú.

Con la presencia de 300 veteranos de Chile, Almagro fundó una ciudad bajo el nombre de Villa de Almagro, nada menos que en el valle de Chincha, punto emblemático de la gobernación de Pizarro. Almagro nombró al cabildo de la ciudad y levantó la picota de rigor. Pizarro se alarmó ante semejante osadía, y los vecinos del Rímac se indignaron; ellos consideraban que los indios tributarios de Chincha estaban bajo su jurisdicción.

A Pizarro tampoco le cayó bien la fórmula de dos caballeros por lado para definir la controversia, pero aceptó, seguro de que solo así se evitaría una guerra y podría salvar a sus hermanos. Supo que Almagro había llevado a Hernando hasta Chincha en calidad de prisionero y rehén. Esto ponía más en riesgo la seguridad de su hermano, ya que cualquier gesto suyo, interpretado como un ataque, podría desencadenar su ejecución. Sabía muy bien del viejo encono entre Almagro y Hernando.

Sin embargo, al cabo de poco Pizarro tuvo alivio y satisfacción. En el Cusco, con la ayuda de un almagrista despechado con su jefe, Gonzalo Pizarro, Alonso de Alvarado y los demás pizarristas cautivos pudieron fugarse por una de las ventanas de su prisión. Pronto aparecieron en Lima para alegría del gobernador.

Almagro nombró a sus dos caballeros, que con la compañía de otros cuatro almagristas, salieron a Los Reyes para entrevistarse con Pizarro. En Mala, los hombres fueron intervenidos por los guardias pizarristas del valle, quienes les confiscaron la documentación que portaban, robándoles sus caballos y entregándoles mulas. Pizarro supo de esto y salió a recibir a la delegación para desagraviarla. La ciudad estaba alborotada por la pérdida de los repartimientos de Chincha, y Pizarro rápidamente nombró también a sus dos representantes. En Mala se reunirían los cuatro plenipotenciarios y los pilotos de la mar.

Pizarro envió a Suárez de Carvajal y al provincial Francisco de Bobadilla para ofrecer disculpas a Almagro por lo sucedido en Mala. Almagro estaba contrariado, pero además había cambiado de opinión, le parecía que cuatro hombres nunca llegarían a un acuerdo. Entonces propuso designar a una sola persona como juez absoluto para el litigio. Cuando se le inquirió sobre quién podría ser, les dijo que el mismo provincial Bobadilla, y por si hubiese alguna duda, él mismo le enviaría a Pizarro una carta para que aceptara.

Almagro trataba de distender un poco la situación con ese gesto. Proponía de árbitro al emisario de Pizarro, pero no era solo eso. Bobadilla era el juez ideal, conocía bien a los socios desde la misma fundación de Panamá, era pariente de la esposa de Pedrarias y fue quien bendijo uno de los navíos de Pizarro para su primer viaje. Era, además, un hombre recibido por el emperador, y desde 1534 tenía el título de Vicario Provincial de los mercedarios de indias.

El 25 de octubre volvieron a Los Reyes Bobadilla y Suárez de Carbajal. Pizarro se hizo leer la carta de Almagro, y en ese momento, delante de un escribano, aceptó a Bobadilla como juez, reconociéndole los poderes para el caso.

El provincial Bobadilla notificó a los dos gobernadores para que acudiesen a Mala y se ventilara directamente el pleito. Para Bobadilla, lo mejor era darles a los socios un espacio para la reconciliación. Cada uno debía presentarse solo con doce jinetes, un capellán, un secretario y cuatro pajes.

Para Pizarro, con la fundación de la Villa de Almagro su socio había actuado sin el mínimo de razón que podía esperar de él. También pensó que podía estar movido por malos consejeros. Esto lo llevó a maliciar una celada de Almagro, y aceptó que Gonzalo le siguiera con 700 hombres para un caso de necesidad.

Pizarro dejó su ejército en Chilca y se presentó en Mala el 13 de noviembre de 1537. Subrepticiamente, Gonzalo se desplazó hasta instalar un fuerte contingente de soldados, muy cerca del sitio señalado para la cita. En cuanto a Almagro, desconfiando también de Pizarro, había dejado al grueso de su tropa tras una colina adyacente.

La reunión se dio en un tambo incaico. Bobadilla, a la usanza medieval, les requirió las espadas a los dos socios y los instó a luchar con los puños si así lo deseaban. Ninguno lo intentó. Almagro pareció más relajado, su posición era ventajosa. Pizarro, en cambio, se mostró furibundo, le reclamó a su socio el haber tomado la ciudad del Cusco y, no contento con esto, haber prendido a sus hermanos. Almagro se remitió a las provisiones que tenía del rey en cuanto a su gobernación y, detalló cómo había requerido a Hernando Pizarro en repetidas ocasiones para que le entregara el Cusco, y al no haberle obedecido, lo había detenido.

Pizarro se ofuscó. Le dijo que aquellas causas no eran bastantes como para haber tenido la osadía de encarcelar a sus hermanos. Esto movió en algo la posición de Almagro, que pareció transigir en alguna solución para soltar a Hernando, cuando de pronto, uno de los hombres de Almagro identificó la presencia armada de los hombres de Gonzalo y corrió al tambo. El lugar se alborotó con los gritos de aviso, y Almagro montó como pudo en uno de los caballos.

Pizarro pensó que era una equivocación. Él jamás hubiera arriesgado la vida de Hernando con una celada. Envió a buscar a su socio, pero este se negó a volver. Almagro se encontró en el camino con Orgóñez, quien se enfilaba contra los de Pizarro maliciando una traición. Juntos se concentraron en Chincha.

# 7

# La guerra y el fin

El provincial Francisco de Bobadilla dictó sentencia en Mala, el 15 de noviembre de 1537. En ella dictaminó que como los pilotos no estaban de acuerdo sobre la exacta ubicación del río de Santiago, punto norte de la gobernación de Pizarro, cada litigante debía enviar dos pilotos para hacer la verificación correspondiente. Entretanto, Almagro debía restituir la ciudad del Cusco, el oro hallado en ella y dar libertad a los presos, ya que todo ello había sido hecho por la fuerza. En cuanto a Chincha, por pertenecer sus curacas e indios a los vecinos de Los Reyes, Almagro debía trasladarse a Nazca. Ambos ejércitos debían ser disueltos o enviados contra Manco Inca. Sin embargo, de cabo a rabo lo fallado era provisional; si la opinión de los pilotos favoreciese a Almagro, Pizarro debía devolver todo lo recibido.

En la práctica el fallo favorecía a Pizarro. Era claro que una vez restituidos el Cusco y Chincha a su dominio, sería casi imposible que se volviera a la situación anterior, lo más probable era que primara la posesión. Como el fallo hacía mención expresa a la liberación de los prisioneros, los pizarristas se enardecieron y reclamaron que se atacara el campamento de Almagro, se liberara a Hernando Pizarro y se tomara el Cusco.

Por su parte Almagro estaba indignado. Hablaba fuerte de Bobadilla, llamándolo falso juez y vendido. Orgóñez insistió en matar a Hernando y marchar al Cusco para adueñarse de la tierra. Almagro no era afín a una ejecución que le podía traer mayores problemas con su socio y con la misma Corona. Para entonces, Almagro confiaba en que sus recientes vínculos con la Metrópoli pudieran serle favorables. En efecto, había invertido cien mil pesos de oro para casar a su hijo Diego con la hija de uno de los miembros del Consejo de Indias. Además, la noticia del maltrato a Manco Inca se había conocido en la Corte a través de fray Tomás de Berlanga y por Hernando de Soto a su regreso a España.

En definitiva, cada quién tenía sus cartas, pero los almagristas tenían además a Hernando. Pizarro temía más que nunca por su vida, debido al fallo de Bobadilla. Envió entonces a tres nuevos delegados para decirle a Almagro que, no obstante la sentencia del provincial, él estaba dispuesto a volver a negociar los límites y el problema de la liberación de su hermano.

Almagro se había quedado en Chincha desoyendo del todo el fallo de Bobadilla. Pizarro le hizo llegar nuevas propuestas. Le ofreció todo el sur del Perú, incluidos Arequipa, todo el altiplano con el lago Titicaca y todas las tierras de ahí hacia el sur. En 1545, ahí se descubriría la fabulosa mina de plata de Potosí, en base a la cual giraría la economía de todo el Virreinato del Perú. Pero nadie podía ni soñarlo. Almagro rechazaba todas las ofertas, solo estaba dispuesto a aceptar el Cusco.

Entonces Almagro, con un cálculo muy fino de la situación, le propuso a Pizarro ciertos capítulos o acuerdos. Él se retiraría de Chincha y trasladaría su Villa más al sur, a Sangallan, cerca al río Pisco; su socio debía proporcionarle un barco para estar en contacto con la Corona; él seguiría ocupando el Cusco hasta que llegase un fallo final del emperador; y le permitiría el servicio de los indios de Sangallan a sus encomenderos en Los Reyes.

Pizarro estaba cansado, hastiado, pero sobre todo ansioso por rescatar a Hernando, y entonces aceptó. A pesar de que entendía merecer el Cusco por justicia al haber conquistado aquel Reino, aceptaba todos los puntos propuestos por Almagro hasta que llegase el fallo definitivo del rey. Solo agregó que los dos ejércitos debían ser disueltos en veinte días y que sus hombres ocuparían Chincha tras la salida de Almagro. Si él infringía el acuerdo, aceptaba perder su gobernación de Nueva Castilla, y si lo incumplía Almagro debía pagar 200.000 castellanos, la mitad para la Cámara del Rey y la otra para la parte que hubiera respetado el pacto.

Pizarro fue más allá. Si la Corona, debido a los conflictos, decidía retirarle sus gobernaciones a ambos, los dos debían comprometerse a no defenderlas. Tras esto, Pizarro juró cumplir fielmente lo estipulado como caballero hidalgo.

El juramento de Pizarro había sido dado el 24 de noviembre. Almagro lo vio y, satisfecho, hizo lo propio días después. Confiaba en que la Corona encontraría justos sus reclamos, ya la compañía del levante había dado inmensos frutos y la mayor parte, con creces, había sido acaparada por los Pizarro. Ahora, a él le quedaban la riqueza y bienestar de una gobernación que bien merecía.

Pero quedaba un punto álgido por resolver. Almagro le hizo saber a Pizarro que dejaría libre a su hermano Hernando a cambio de una fuerte suma en oro y un público homenaje del cautivo en su honor.

Esta decisión fue muy mal vista por los de Chile, pero a Almagro no le quedaba más alternativa que soltar a su mayor enemigo. Así, después de que el herrero le hubiera limado las cadenas a Hernando, este no dudó en agradecer públicamente ante los de Chile la gran generosidad de don Diego de Almagro. Luego todos cenaron y Hernando fue con varios caballeros y el joven Diego de Almagro el Mozo al campamento de Pizarro.

Pizarro estaba feliz, efusivo más que nunca, abrazó a su hermano y tuvo palabras de gratitud para los de Chile por haberlo acompañado. Incluso les regaló joyas preciosas y trató con mucho cariño a Diego, aquel afable mestizo de dieciocho años.

Sin embargo, las cosas habían de ser muy distintas. Hernando llevaba dentro un encono infernal contra Almagro. Se había visto envilecido y encadenado, casi desnudo en una cárcel de piedra. Había sido sujeto de escarnio y había temido por su vida a lo largo de ocho meses de pesadilla. El odio de

Hernando parecía no tener límites, y con presteza le habló a su hermano de arrebatarle el Cusco a los almagristas. Si Pizarro, su hermano, había conquistado aquel magno Imperio, ¿no era acaso una burla que otro se quedase con la ciudad principal? Almagro, finalmente, le había ganado el Cusco.

Pizarro entonces vio todo en retrospectiva. Recordó a su socio planteando ante Gaspar de Espinosa que su gobernación llegaba hasta Mala, luego había fijado su Villa en Chincha y hasta se supo que alguna vez habló de querer Los Reyes. Ahora lo tenía demasiado claro, había sido burlado por un vil comerciante. Almagro había subido en demasía sus demandas para quedarse con lo que quería. Tal y como un mercader que pide un precio elevado para llegar al fin deseado, así había jugado Almagro con él.

Pizarro apretó los dientes. Su inmenso respeto por la legalidad y sus escrúpulos formales lo detenían. Tenía que haber una salida. En aquel momento, le deseó todo el daño a Almagro.

Era el 9 de diciembre, primero le ordenó a Hernando no llevar el oro del Quinto Real a España hasta que terminase con la guerra de Manco Inca. La pantomima se mantuvo para que Hernando no cayese en falta ante la Corona, y Pizarro se amparó en una Real Cédula para no dejarlo ir.

Pizarro, entonces, le envió a Almagro una Cédula Real que ordenaba que cada gobernador poseyera de acuerdo con como lo había venido haciendo y de conforme a la conquista. El documento había llegado hacía poco al Perú, y Almagro entendió en seguida el cambio de Pizarro. Los de

Chile decidieron volver prestos al Cusco para evitar ser despojados.

Hernando Pizarro hizo lo propio, solo que viajó toda la noche y le ganó a la columna almagrista el paso de Huaytará. Ahí lo alcanzó luego Pizarro, felicitando a sus hombres por el esfuerzo de hacer la travesía en vela. Esa misma noche heló en el campo, y esto afectó la salud de Pizarro, igual pudo haber seguido pero era al fin un pretexto. La batalla parecía inevitable, y él no quería romper su juramento de honor. Pizarro le dejó a Hernando la recuperación del Cusco, con todo lo que esto pudiera significar.

Pizarro volvió a Los Reyes dejando a Hernando como capitán general. El viejo gobernador estaba irreconocible, llevaba la furia que solo se le veía en el campo de batalla. Habló sin tregua, dijo que Almagro era un ladrón, que le había robado el Cusco y que el Perú hasta el estrecho de Magallanes le pertenecía a los Pizarro y a él en particular. Y que lo iba a defender de Almagro o de cualquiera que sin autoridad real lo quisiera tiranizar con la punta de la lanza.

## BATALLA EN EL CAMPO DE LA SAL

El sol de la primera mañana brillaba en el cielo. Las espadas y alabardas refulgían. Los hombres, españoles y conquistadores, se miraron de un lado a otro del frío arroyo. Ninguno en ambos bandos había dormido bien, algunos con un sueño a sobresaltos y, el que menos, lo había pasado en vela.

Era el 6 de abril de 1538. Almagro había ocupado el Cusco y Hernando Pizarro, por no anticipar sus intenciones y evitar una emboscada de los de Chile, había tomado un largo camino que le llevó tres meses. Cuando entró al Cusco, Hernando se sorprendió al encontrar las calles vacías, pronto supo que Almagro lo esperaba en un lugar llamado Cachipampa, que podía traducirse como *las Salinas* y que estaba a media legua de la ciudad. Ese era un lugar plano al pie de una colina que bordeaba el camino inca. Hernando vio que era una estrategia de ese maldito de Rodrigo Orgóñez, de hecho los de Chile tenían más caballos, y eso les daba ventaja en el llano.

Hernando tenía 700 hombres frente a unos 500 de Almagro, pero estaba en inferioridad de condiciones respecto a los caballos, de los cuales el bando enemigo sumaba 250. Sin embargo, la ventaja más importante de los Pizarro estaba en sus ochenta arcabuceros, su cuerpo de lanceros y su artillería. Llegaron a las Salinas al atardecer del viernes 5 de abril. Durante la noche, de ningún bando salió nadie a negociar la paz.

En ese momento Hernando, que vestía armadura, capa anaranjada y montaba un corcel castaño, hizo tocar el clarín y redoblar los tambores. Entonces dio vivas al rey y se lanzó contra los de Chile. Casi de inmediato, los arcabuces retumbaron y causaron las primeras bajas almagristas. Fiel a su costumbre, el mismo Hernando participaba de la batalla, mientras que Almagro, demasiado viejo y debilitado por la sífilis, observaba en una litera desde una colina cercana.

El ejército de Hernando avanzó con su estandarte blasonado con el escudo de armas de Pizarro: dos osos a los lados de un sauce. Del lado de Almagro, Orgóñez ordenó la arremetida con la vieja advocación a Santiago. Los de Chile avanzaron con picas y con el apoyo de dos líneas de caballería, que galoparon prestos enfilando sus lanzas contra los pizarristas.

El choque fue encarnizado y la batalla se focalizó en duelos individuales. Cada quien tenía deudas que saldar con alguien del otro bando. Hernando buscaba a Orgóñez, pero de pronto vio a Pedro de Lerna, antiguo pizarrista que por despecho se había pasado a los de Chile. Lo vio venir y se lanzó de inmediato contra él. Ambos chocaron con todo el odio contenido, el impacto hizo caer de rodillas al caballo de Hernando, los pizarristas corrieron a auxiliarlo y vieron que tenía una herida en el vientre, no era mortal. Su adversario tenía el muslo atravesado, y victima de una hemorragia incontenible cayó de su caballo.

Las picas usadas por los soldados de Almagro en la batalla fueron destrozadas por el impacto de unas balas, que disparadas de a dos y retenidas por un alambre destruían todo a su paso. Pero por otro lado, Orgóñez mataba sin parar, sobre todo a quien se adelantaba a darse la victoria en nombre de Pizarro. Los muertos caían de uno y otro bando, pero la ventaja a favor de los pizarristas fue siendo visible. Los cuerpos de los de Chile eran atravesados sin piedad. En eso, el alférez almagrista se pasó a las tropas contrarias, pretextando ir al verdadero bando del rey. Sin estandarte, los de Chile se desmoralizaron aún más. Orgóñez vio la retirada de algunos de sus hombres y buscó a Pizarro, se lanzó contra él, cuando una esquirla de bala le dio en la frente. Por instinto, Orgóñez desplegó la espada contra los hombres que ya caían sobre él, mató a dos y de repente creyó ver a Hernando y de una estocada le atravesó la boca. Era al criado de su odiado rival a quien había herido. Derrotado y sangrando, Orgóñez pidió a alguien de su rango para entregar su espada. Entonces, un peón del lado pizarrista le arrebató el arma, entre varios lo desmontaron y de un tajo lo degollaron.

Diego de Almagro vio desde lo alto la masacre de sus tropas. Desencantado de sus hombres y diciéndose que no se había dado una verdadera batalla, pidió a cuatro servidores que lo ayudaran a subirse a un caballo. A galope y tan pronto como pudo, alcanzó la fortaleza de Sacsahuaman, se hizo subir a uno de los torreones y se acuarteló con sus cuatro hombres armados.

En el campo de las Salinas cundía la euforia. Los gritos por la victoria de los Pizarro se escuchaban de un lado y del otro. Los almagristas que trataban de escapar fueron alcanzados y ejecutados sin consideraciones. En el terreno quedaron ciento cincuenta hombres muertos. En los cerros aledaños, miles de indios, entre auxiliares de uno y otro lado y curiosos de los pueblos cercanos, acudieron a ver el espectáculo. Era un hecho totalmente inédito para ellos, eran cristianos contra cristianos. Una vez terminada la batalla y estando ocupados los pizarristas en alcanzar a los de Chile, los indios bajaron y se apoderaron de las ropas y armas de los muertos y heridos indefensos. A todos los despojaron, y los cuerpos quedaron humillados y desnudos en medio del valle.

Pronto los pizarristas extrañaron a Almagro. Se supo que estaba en Sacsahuaman. Hasta ahí acudieron Alonso de Alvarado y varios jinetes para hacerse con él. Alvarado quería vengar su honor, de cuando fue preso en el río Apurímac y llevado encadenado y en andrajos a la prisión del Cusco. Entonces llamó a Almagro por su nombre y lo conminó a rendirse. Ya nada le quedaba al socio de Pizarro, ni soldados, ni fortuna, ni gobernación, tan solo ese cuerpo miserable y el pedazo de vida al cual se aferraba.

Diego de Almagro aceptó rendirse, y entonces sus hombres lanzaron al piso sus espadas y se entregaron. Almagro fue bajado en brazos, se le veía intensamente triste y acabado. Era como la penosa caricatura de aquel soldado que se había hecho famoso en el istmo, de aquel hombre de carácter expansivo que hizo una fortuna en Panamá.

Ahora Almagro tenía ante sí la boca de un arcabuz dirigido contra su cabeza. Un capitán, Pedro de Castro, de solo verlo lo había estimado poca cosa, y con desprecio procedía al asesinato. Alvarado se interpuso y evitó el disparo. No se podía ejecutar sin proceso a un hombre de tamaña importancia. Almagro fue subido a una mula y se le condujo al Cusco fuertemente escoltado.

Los pizarristas entraron jubilosos en la ciudad. El estandarte de Almagro fue arrastrado en el fango y pisoteado. El degollador de Rodrigo Orgóñez llevaba la cabeza sujeta de las barbas y hacía molinetes con ella. Los ganadores se apoderaron de las calles dando vivas al rey, a los Pizarro e insultando a los almagristas. Los de Chile trataron de esconderse.

Pero de Lerna había sido llevado herido a una casa amiga, hasta ahí llegó un soldado con quien tenía un problema de honor, y lo mató a puñaladas.

Hernando tenía el vientre vendado, pero podía montar. A su lado estaba Gonzalo, quien se había destacado nítidamente al frente del primer batallón. Ambos esperaron la llegada de Almagro, se conformaron con verlo y lo pasaron a una grupa más rápida. Gonzalo se encargó de revisarlo. Luego entraron todos juntos al Cusco.

Los pizarristas saqueaban las casas de los vencidos y se hacían de todo lo que tuviera valor, si encontraban algún almagrista escondido, lo mataban a estocadas o lo lanzaban desnudo a la calle. Los infortunados buscaban refugio en las iglesias. Mientras esto acontecía, Almagro era llevado por las calles mientras presenciaba impotente los desmanes brutales y la sangre derramada en las paredes. Luego fue subido al edificio de piedra que un día había sido el Coricancha. Ahí él mismo había encarcelado a los hermanos Pizarro.

En Los Reyes, Pizarro supo del triunfo de Hernando en las Salinas. De inmediato salió hacia el Cusco, pero se detuvo en Jauja. Ahí esperó largos días, y hasta él acudió Diego de Almagro el Mozo. El joven era llevado por Alonso de Alvarado a la Ciudad de los Reyes para evitar que conspirara con los de Chile en la liberación de su padre. Almagro el Mozo le pidió a Pizarro por su progenitor, solicitando garantías para su vida. Pizarro le dijo que no se preocupara, que la vida de su viejo socio no corría ningún peligro.

Pero en el Cusco el proceso contra Almagro estaba en marcha. Las acusaciones eran serias. El arresto de Hernando Pizarro, lugarteniente del gobernador nombrado por el rey, significaba una rebelión contra la Corona; la captura de Alonso de Alvarado cuando iba al Cusco a combatir a Manco Inca era considerada traición; al privar de sus indios a los encomenderos designados por el gobernador y atribuírselos a sus hombres, Almagro había atentado contra la autoridad real.

En definitiva, Diego de Almagro era procesado por delitos contra el rey. Si alguna esperanza le quedaba al jefe de los veteranos de Chile, era la mano salvadora de Francisco Pizarro.

## UNA AMISTAD MUERTA A GARROTE

Pizarro estaba acongojado, llevaba encima una enorme sensación de hartazgo de la que no podía desprenderse. Por fin había sucedido, los principios de su vida habían sido el orden y la sujeción a la autoridad. Si llevaba el cargo de adelantado, además del de gobernador, había sido para mantener el orden y la autoridad en la conquista del Perú.

Ahora todo había sido desbaratado por Almagro. ¿Qué endemoniada fuerza lo había empujado a tomar el Cusco como propio, en lugar de arreglar las cosas como siempre lo habían hecho? ¿A qué se avino en repartir encomiendas, si ni siquiera él, que era el gobernador y capitán general de esas tierras, se atrevía a otorgarlas si no eran temporales? Pizarro no dejaba de pensar en todo ello y no hallaba solución ni salida para lo de Almagro. Los méritos tampoco eran menos; si Almagro no hubiera llevado aquellos refuerzos a Cajamarca, ¿habrían podido seguir con la conquista? Sin la sapiencia de su socio en jornadas de penetración, ¿hubieran avanzado libremente al Cusco? Todo era cierto de un lado y del otro, pero lo más grave era lo que había acaecido.

La Corona no tardaría en investigar la batalla de las Salinas, y al sucederse las pruebas de ambos bandos, el proceso quedaría abierto para desgracia de los dos gobernadores. Era incluso posible que los dos perdieran Nueva Castilla y Nueva Toledo, respectivamente.

Pero ¿cuáles eran finalmente los hechos? Fríamente hablando, Almagro había roto el orden de la colonia y perpetrado más de un delito contra la autoridad real. ¿Podía salvarlo? ¿Debía salvarlo? Sí, podía ayudar y evitar que fuese ejecutado, pero las demandas de Almagro persistirían y la guerra civil se instalaría entre los españoles. Ya no sería una batalla, sería una guerra interminable de la cual sin duda Manco Inca sacaría partido. El desorden imperaría y todos serían presa fácil de los indios. ¿A quién se le había ocurrido combatir en las Salinas? ¿Qué hubiera sucedido si un cacique o un curaca se hubiera puesto a la cabeza de aquellos indios que estaban en los cerros? era muy seguro que no habría quedado español vivo en ninguno de los bandos.

Pizarro pensó nuevamente en Almagro, el amigo Diego de Almagro. Era como tener un brazo o una pierna con gangrena. Uno sabe que si se queda, todo el cuerpo habrá de pudrirse, pero igual duele mucho, duele demasiado sacárselo de encima después de una vida. Existe la versión de que Hernando Pizarro mandó un emisario a Jauja a preguntarle a Pizarro sobre cómo proceder con Almagro. La respuesta de Pizarro habría sido lacónica: que haga lo necesario para que no cause más problemas.

De ser cierta la versión del cronista Cieza de León, coincide con la necesidad de Pizarro de restaurar el orden y con su deseo de no cargar con el fatal destino de su amigo. También se ajusta a la necesidad de evitar una guerra ulterior entre los españoles. No es una frase fría, es la expresión del que no quiere involucrarse con los acontecimientos pero sabe, en lo más íntimo, que habrá de sentirse responsable para siempre.

Almagro estuvo tres meses en prisión. Durante ese lapso, Hernando Pizarro lo visitaba con cierta regularidad y lo animaba con la próxima llegada del gobernador. Esto esperanzaba a Almagro en medio de su desgracia; en prisión, su enfermedad había empeorado y su cuerpo mostraba señas visibles de deterioro. Hernando, incluso, apiadándose en algo de su antiguo enemigo, le hizo llegar de vez en cuando algunas viandas de buen sabor.

Un día le hizo saber por un mensajero que debía confesarse. Esto alarmó a Almagro, pues era costumbre dar confesión al sentenciado a muerte. Almagro no consideró posible que se procediese a su ejecución tras tres meses de esperanzas.

Almagro hizo llamar a Hernando Pizarro, quien se presentó en la prisión. Cuando Hernando entró a la celda, Almagro lloraba. Al verle así, le dijo que debía ser fuerte, que no era el único que fuera a morir en este mundo, ni sería el último que muriese de aquella manera, y como su último día había llegado, debía ordenar su alma como cristiano temeroso de Dios.

La desesperación embargó el ánimo de Almagro. Le dijo a Hernando que cómo quería matar a quien tanto bien le había hecho, que se acordase de que había sido el primer escalón por donde sus hermanos y él habían subido, que con su hacienda su hermano fue a negociar la gobernación a España y que nunca hubo bien que no lo quisiese para él.

Hernando no cambió, más bien le increpó a Almagro que se mostrase como caballero que era de nombre ilustre, que no mostrase flaqueza y que supiese ciertamente que había de morir. Almagro dobló sus ruegos y apeló a la justicia del rey y a los sufrimientos que había soportado para la conquista del Perú.

Hernando no se doblegó y salió de la habitación. Almagro entonces no quiso confesarse para dilatar la ejecución, pero fue advertido de que igual moriría.

Entonces Almagro puso su alma a bien con Dios y recibió el Santísimo Sacramento. Con la paz alcanzada, redactó su testamento.

Todo lo que no había recibido él de vivo, lo quería para su hijo. En virtud de una provisión real que lo facultaba para nombrar en vida un sucesor, Almagro señaló a Diego, su mestizo, como nuevo titular de la gobernación de Nueva Toledo. Luego calculó que poseía un millón de pesos de oro en la compañía que mantuvo con Pizarro, nombrando como su heredero al propio emperador Carlos V, con lo cual evitaba que sus bienes cayeran en manos de los Pizarro y obligaba a la Corona a investigar los repartos que se habían hecho en el

Perú. Luego, con la prolijidad de un arqueo de comerciante, pasó a saldar todas sus cuentas, pagando un caballo que debía, dándole destino a una camisa vieja, a sus finos utensilios de oro y a sus esclavas. Finalmente, realizó donaciones a los monasterios franciscanos y dominicos en Santo Domingo, mandó erigir una capilla en su nombre en Castilla, su pueblo natal y le dio la libertad a una esclava africana que lo había servido en Quito, por el amor que le mostró.

Al mediodía del 8 de julio de 1538, un verdugo entró a la celda donde estaba recluido Diego de Almagro. Hernando no se atrevió a una ejecución pública. En la plaza había dispuesto soldados en las desembocaduras de las calles de acceso, ante alguna reacción de los de Chile. El verdugo aplicó el garrote, método reservado para la gente del pueblo, y rompió la nuca de Almagro.

El cuerpo fue llevado al centro de la plaza. Ahí el verdugo procedió a degollar al cadáver y a poner la cabeza en la picota. No hubo quien pusiese un paño para recoger la sangre del cuello cortado. Luego, el verdugo procedió a desvestir el cuerpo para quedarse con las ropas, pero un grupo de vecinos lo consideró infame y le pagaron al hombre su valor, para no deshonrar al muerto.

Hernán Ponce de León, un hidalgo sevillano muy respetado, hizo llevar el cadáver de Almagro a su casa. Se puso la cabeza del difunto a sus pies, y se le dio sepultura de limosna en la iglesia de la Merced.

Francisco Pizarro dejó Jauja y salió hacia el Cusco. A la altura del río Apurímac le llegó un mensaje de su hermano Hernando, notificándole el desenlace. Apenas terminó de ser informado, Pizarro bajó la mirada y unas lágrimas surcaron su rostro. Luego apuró el paso para estar en el Cusco cuanto antes.

En la ciudad, Pizarro fue recibido con trompetas y por un grupo de regidores y vecinos. Hernando estaba en el Collao, a donde había salido para pedir oro a los curacas del altiplano. Regresó en pocos días y se entrevistó en privado con su hermano.

Pizarro, por aquellos días, fue visto siempre de mala gana y muy irritable. Incluso a los indios que acudían a él, para quejarse de algunos españoles que eran abusivos o les robaban sus ganados, los despedía bruscamente, tratándolos de mentirosos. Jamás había estado de tan mal humor el gobernador. Era como si buscara culpables por la muerte de Almagro, como si quisiera vengarle de alguna manera y no supiera contra quién hacerlo. Era un remordimiento profundo por no haber detenido lo que creyó inevitable. Vio el expediente voluminoso de la causa fatídica, más de dos mil hojas que no podía leer. Que Almagro tampoco hubiera podido leer. Sintió rabia, pero era una furia cercana, una furia ciega contra sí mismo.

Pero había más, la rueda de la venganza se echaría a rodar en cualquier momento. Cientos de almagristas habían sido echados a la miseria tras haber estado como dueños del Cusco. Una sed de revancha era respirable en el ambiente. La mejor solución era enviar a los soldados a nuevos proyectos de conquista.

Pedro de Candia, por ser un jefe de entera confianza, fue puesto al mando de 300 hombres, en su mayoría almagristas, para conquistar el sureste del Cusco. Pedro de Valdivia, maestre de campo de Hernando en las Salinas, fue enviado con una nueva expedición a Chile. Francisco de Olmos fue enviado a Ecuador, a la bahía de San Mateo. García de Alvarado, almagrista destacado, fue comisionado a la rica región de Huánuco con la esperanza de que perdiera el odio que sentía por Pizarro.

De este modo se trató de premiar a los pizarristas más fieles, que habían devenido en inoportunos, así como alejar a los sospechosos de conjuras que pudiesen reagruparse en un proyecto pernicioso.

## La hegemonía absoluta

Francisco Pizarro estaba en Arequipa en septiembre de 1539 cuando recibió las noticias del Cusco. Durante más de un año se había dedicado a fortalecer su gobernación con la fundación de ciudades. Había recordado a Nicolás de Ovando, el viejo gobernador de La Española, quien había fundado diecisiete villas para consolidar la presencia hispana en la isla. Ahora él, ¿no debía hacer lo propio en aquel extenso territorio de Nueva Castilla?

Para detener los ataques de Manco Inca en el trayecto entre el Cusco y Los Reyes, Pizarro había fundado San Juan de la Frontera de Huamanga en un lugar denominado Huamanguilla. Le encargó a Pedro Ansúrez de Camporredondo y a Diego de Rojas la creación de la Villa de la Plata en Charcas. Y ahora él mismo se aprestaba a fundar la ciudad de Arequipa en el sur, para que sirviera de freno ante las posibles pretensiones de Nueva Toledo.

Pero en el Cusco había un hecho de enorme trascendencia; Manco, el Inca rebelde otrora amigo de los españoles, había propuesto una reunión con él en Yucay. Manco Inca quería negociar, y eso era resultado de las acciones de su hermano Gonzalo. En efecto, Gonzalo Pizarro había partido en abril de 1539 con el objetivo de liquidar a Manco Inca y deshacer su reino de sediciosos. Con 300 de los mejores soldados españoles, había partido rumbo a Vilcabamba para traer al Inca, muerto o preso. Poco antes de su partida, Titu Cusi Yupanqui, el hijo de Manco Inca depositado en una casa de españoles en el Cusco, huyó para reunirse con su padre.

Con el ejército español capitaneado por Gonzalo iba también un gran contingente de indios aportados por Paullu Inca. Los españoles avanzaron a caballo, cruzaron el río Urubamba y se internaron en una región de los Andes con claras influencias amazónicas. Usaron los equinos hasta el punto en que fueron útiles, y subieron por el cañón del río Vilcabamba. Abriéndose paso a través de una vegetación cerrada y andando todos en fila, se encontraron con un claro de 100 metros de ancho. Ahí, una emboscada de guerreros de Manco Inca atacaron desde lo alto arrojando piedras y lanzando flechas que mataron a 36 españoles y a más de 300 indios aliados.

Gonzalo pidió ayuda al Cusco. Mientras llegaba, intentó hablar con Manco Inca. Para eso envió a dos hermanos de Cura Ocllo, la esposa principal del Inca de la cual el mismo Gonzalo había abusado. Irritado Manco Inca al ver aquellos traidores, los hizo matar en el acto.

Con los refuerzos, Gonzalo le tendió un cerco al Inca del que apenas pudo escapar a nado. Sin embargo, sí logró causarle daño a su refugio de Vilcabamba y después de tres meses, en julio de 1539, regresó al Cusco llevando como prisioneros a Cura Ocllo y a un hermano del Inca. Ante esto, Manco Inca había hecho saber que estaba dispuesto a dialogar con Pizarro un acuerdo de paz.

El gobernador llegó al Cusco. Ahí se enteró de los pormenores; el Inca le solicitaba presentarse con una tropa reducida, no más de doce hombres. Pizarro decidió llevar consigo a la esposa del Inca, pero al verla se quedó sorprendido, la bella mujer tenía el cuerpo embadurnado de sus propias inmundicias y despedía un olor nauseabundo. Ahí supo que Gonzalo y sus hombres habían querido violarla, y Cura Ocllo había empleado aquel modo de defensa. En cuanto a la convocatoria de Manco Inca, la reunión se mostraba demasiado arriesgada para llevarse a cabo. Pero Pizarro, como en sus épocas de oscuro soldado, se prestó para el encuentro.

Desde el valle de Yucay, Pizarro le envió al Inca algunos regalos. De los dos emisarios, que eran indios cristianizados, Manco recibió una yegua briosa, un negro esclavo y camisas de seda. El Inca mandó matar a todos. La convocatoria había sido una emboscada, pero la precipitación de los guerreros del Inca descubrió la celada. Pizarro y sus hombres pudieron retroceder a tiempo y ponerse a buen recaudo.

Meses atrás, había sido comunicado del viaje al Perú de un juez enviado por el rey, que venía a investigar la muerte de don Diego de Almagro; el nombre del juez era Cristóbal Vaca de Castro, miembro del Real y Supremo Consejo de Indias.

Pizarro veía venir aquello que toda su vida había evitado: un proceso legal que desbaratara la gloria obtenida. Y aquel proceso sería consecuencia de haber dejado matar a su amigo, al único verdadero amigo que había tenido en toda su vida. La presencia de Vaca de Castro removía y azuzaba en su interior aquel acto que lo había hecho sentirse indigno de sí mismo.

Entonces había pensado que la mejor manera de esperar a Vaca de Castro era con Manco Inca capturado y con la tierra en paz. Pero los repetidos fracasos lo habían llenado de ansiedad, y la ansiedad, como una emoción nueva y absolutamente desconocida para él, se fue transformando en desesperación.

Entonces Pizarro fue otra vez preso de aquella furia ciega. Pensó ahora que era Manco Inca el culpable de todos sus pesares, y en Cura Ocllo quiso escarmentar al Inca y desahogar su cólera. La hizo amarrar a un poste, fue azotada sin ropas y luego muerta a flechazos por indios cañarís al servicio español. La mujer, en todo aquel trance atroz, se mantuvo en silencio con una dignidad que insultó a todos.

El cuerpo destrozado de Cura Ocllo fue puesto en un canasto río abajo, para que el Inca pudiera encontrarlo.

Este acto de Pizarro causó disgusto a muchos de los españoles que lo acompañaban. No era digno de un hombre cuerdo y cristiano haber actuado de ese modo. Pero ahí no terminó la represalia. En el Cusco, Pizarro ordenó la muerte de los líderes indios que estaban prisioneros o habían logrado integrarse con aparente éxito a la sociedad colonial. Así, el Villac Umu, recientemente apresado, el líder Tiso y otros quince generales de Manco Inca fueron quemados vivos y sin juicio previo.

En aquel momento, Hernando Pizarro había viajado a España desde Julio de 1539, llevando un soberbio Quinto Real para tener a su favor al Consejo de Indias y con su versión del proceso de Almagro. Antes de partir a la Península y después de que Pizarro lo hubiera acompañado una legua, Hernando se despidió de su hermano con palabras elocuentes. Le dijo que hiciera a los de Chile sus amigos, dándoles siempre de comer a aquellos que lo aceptaran, y que no consintiera que se juntaran diez de ellos a cincuenta leguas de donde él estuviese, porque si los dejaba juntar, lo iban a matar.

Hernando abrazó por última vez a su hermano, a ese hermano que a pesar de todos sus inconmensurables logros siempre veía como menos que a sí mismo. Francisco nunca dejaría de ser un campesino bastardo, mientras él, que era el único hijo legítimo de su padre, solo deseaba volver a España con todo lo ganado. Por eso, durante el año desde la ejecución de Almagro hasta su viaje, Hernando se encargó de pacificar el Collasuyu.

En las llanuras del altiplano, la resistencia de los indios de Cochabamba fue feroz, miles de ellos al mando de Tiso, tío de Manco Inca, se enfrentaron con cientos de españoles apoyados por quince mil indios de Paullu Inca. Gonzalo participó en aquellos largos meses de enfrentamientos al lado de Hernando. Ni en Sacsahuaman ni en Cajamarca, los caballos y lanceros españoles habían tenido la extensión de aquellos valles para desarrollar todo su destructivo poder. Muchos miles de indios fueron masacrados en una de las campañas más sangrientas y largas de la conquista. Al final, después de haber torturado y quemado a cientos de caciques, Hernando regresó al Cusco con un gran tesoro para el rey y llevando a Tiso, líder de la resistencia, como prisionero.

Gonzalo seguía en el altiplano y se había procedido al reparto de encomiendas. Pizarro dotó generosamente a sus dos hermanos. Luego bajó, siempre con el pensamiento en la visita del juez del rey, a San Juan de la Frontera de Huamanga. En esa región se descubrirían, poco después, las minas de azogue que harán posible la explotación de la plata de Potosí, que generaría rentas cuantiosas para la Corona española.

Pizarro dio ordenes a las autoridades de la novísima ciudad con singular talento organizativo. Luego decidió volver a la Ciudad de los Reyes con su escribano y secretario Antonio Picado. Tal vez necesitaba ordenar sus ideas, quizás le hacía falta jugar un poco a las bolas o a la pelota. Era necesario relajarse un poco para pensar mejor.

## MUERTE DEL MARQUÉS GOBERNADOR

El título de marqués le fue comunicado oficialmente a Francisco Pizarro en el mes de febrero de 1539. El emperador Carlos I, en razón a sus múltiples méritos militares, concedía el título nobiliario con marquesado a elegir posteriormente. En tanto un marqués era el señor de una tierra, Pizarro debía elegir cuál sería la comarca de su marquesado. Esta distinción solo le había sido conferida en el Nuevo Mundo a Hernán Cortés.

Era para Pizarro el gran reconocimiento que siempre había esperado. Si algo había ambicionado desde sus años mozos, era ganar por sí mismo lo que su hidalgo progenitor no le había dado. Sin embargo, el título había sido conferido el 10 de octubre de 1537, sin tomar en cuenta los últimos sucesos relativos a Almagro. Pizarro meditó, guardó la distinción y no se apuró en designar la comarca del caso.

Pero de otro lado, Pizarro tenía mucho más que un título nobiliario. A lo largo de los años, y como consecuencia de la dinámica de la conquista, los hermanos Pizarro, y Francisco en particular, habían ido consolidando una fortuna espectacular.

Además de los múltiples botines acumulados a lo largo de los años, y del oro y la plata de Cajamarca y el Cusco, Pizarro se había otorgado nueve encomiendas en el Perú. Todas ellas estaban ubicadas en estupendas tierras de Trujillo, del Callejón de Huaylas, en el valle del Rímac y del Urubamba en el Cusco, todo el valle de Yucay y en las tierras altas del altiplano. En dichas encomiendas tributaban a favor de Pizarro nada menos que 30.000 indios.

Francisco Pizarro también era propietario de palacios en el Cusco, terrenos en Los Reyes, y grandes hatos de rebaños en Jauja, el callejón de Huaylas y en la sierra de la capital, lo cual también le permitía comercializar textiles. Pizarro importaba, además, ropa desde España, y creó una compañía para la producción y venta de azúcar en el valle de Nazca. Su búsqueda de metales preciosos le llevó a desarrollar proyectos mineros en el altiplano en Charcas y Porco. Incluso incursionó en el negocio naviero, con una flota de barcos que hacían viajes trasladando todo tipo de mercancías de sur a norte en el océano Pacífico. En 1540, Pizarro era ampliamente conocido como el hombre más rico del Perú, de una gloria y fama bien ganadas.

Pero la gloria es un bien esquivo, demasiado peligrosa en manos de los hombres. Pizarro había sido cuidadoso como un buen artesano, sus relaciones con la Corona se habían enmarcado en el respeto a la legalidad, con sus hombres había logrado su total fidelidad, y con los indios había sabido jugar con alianzas aprovechando sagazmente sus rivalidades. Lo único que no pudo manejar Francisco Pizarro fue su conflicto con su socio y amigo Diego de Almagro.

Durante los últimos meses, se había rumoreado de un seguro atentado de los de Chile contra Pizarro. Este, con valentía o temeridad, nunca le había dado importancia a tales noticias y comentarios. Por lo mismo, al regresar a Los Reyes y escuchar las campanas de duelo por un vecino al que iban a enterrar, Pizarro bromeó por aquel supuesto mal augurio.

Pizarro se había cuidado mucho en no aparecer como responsable directo del proceso y ejecución de su socio. Sin embargo, siendo Francisco Pizarro el jefe de la facción que acabó con la vida de Almagro, y como no estaba Hernando Pizarro en la escena peruana, todos los odios y rencores de los de Chile se concentraron sobre él. A esto se sumó la actitud de muchos pizarristas y del mismo Antonio Picado, tan cercano al gobernador, que hacía evidente su desprecio por los almagristas. Un día Picado salió a la calle con un sombrero que llevaba un gesto obsceno hecho en oro, dedicado a los de Chile.

En la capital, Almagro el Mozo vivía una suerte de arresto domiciliario que poco a poco se había ido flexibilizando. El objetivo había sido mantenerlo alejado del Cusco, donde residía todavía el grueso de almagristas. Sin embargo, con frecuencia acudían a él antiguos partidarios de su padre caídos en desgracia que buscaban su protección. Almagro el Mozo los ayudaba con lo que tenía, que era una encomienda en Collique. Como los necesitados eran cada vez más numerosos, el grupo alrededor de Almagro el Mozo era cada vez mayor.

Pizarro había recibido, llegado a Los Reyes, la demanda de los vecinos para que se asignaran encomiendas definitivas. Los depósitos temporales, otorgados hacía unos años por el gobernador, eran considerados obsoletos. Pizarro consultó con fray Vicente de Valverde, que había vuelto de España investido como Obispo del Cusco. En los últimos tiempos, Valverde había abogado por los indios esclavizados en las encomiendas, y estaba en Lima desde el final de la batalla de las Salinas. Almagro el Mozo lo despreciaba por no haber evitado la ejecución de su padre.

El gobernador, con la anuencia de Valverde y la ayuda de Picado, procedió a otorgar las encomiendas de indios tributarios, nombrando primero a los visitadores. En cuanto a las nuevas ciudades, Gómez de Alvarado había fundado la ciudad de León de Huánuco el 15 de agosto de 1539. Al mismo día del año siguiente, se fundó finalmente la ciudad de Arequipa. Los primeros alcaldes de Arequipa fueron Juan Flores y el reivindicado Juan de la Torre.

Pero Pizarro también tuvo que tomar una decisión referida al hijo de Almagro. Por consejo de su entorno, despojó a Almagro el Mozo de su encomienda y se la otorgó a Francisco Martín de Alcántara, su hermano uterino. El objetivo era deshacer el núcleo de agitación solventado con los recursos de Collique. El resultado, el descontento y la indignación de los de Chile, que ahora estaban seguros que el gobernador los quería eliminar.

El clima de tensión fue en aumento ante la demora de Vaca de Castro. El juez había sufrido todo tipo de contratiempos, desde una tempestad hasta una enfermedad que lo tuvo cerca de la muerte. Pero en Los Reyes se decía que ya Pizarro lo había comprado o que lo había hecho asesinar. Lo que trascendió de manera más oficial es que Vaca de Castro solo haría una investigación relativa al caso de Almagro y que el Consejo de Indias tomaría solo una decisión a nivel político.

Esto último le dio alguna tranquilidad a Pizarro, pero exasperó aun más a los de Chile. Pensaron entonces que la única justicia vendría de sus propias manos.

Ante la insistencia de los rumores y la noticia de buena fuente de que los almagristas habían comprado armas, Pizarro optó por hacer llamar a Juan de Herrada, segundo de Almagro el Mozo. Herrada acudió, pero no aceptó las imputaciones en su contra, asegurando haber comprado armas sólo para su defensa. Pizarro fue cordial y también le aseguró que no tenía ninguna intención de acabar con ellos o desterrarlos. En cuanto al juez, Pizarro afirmó que ya habría llegado a la Ciudad de los Reyes, si hubiera aceptado embarcarse en su galeón.

Pero el plan de los almagristas ya estaba en marcha. El atentado sería un domingo, tras la fiesta de San Juan, pero Pizarro no acudió a misa. El domingo siguiente, 26 de junio de 1541 el gobernador, por seguridad, también oyó misa en su casa. A partir de las once de la mañana, un grupo de amigos cercanos acudieron a verlo, ya que se había rumoreado que estaba enfermo.

Los de Chile pensaron que habían sido descubiertos y que aquella reunión era una confabulación en su contra. Unos doce almagristas salieron de la casa de Almagro el Mozo al mando de Juan de Herrada. Atravesaron la plaza en diagonal, en pleno mediodía y dando gritos contra Pizarro. Nadie los detuvo, todos pensaron que era una bravuconada. Aparentemente, uno de los atacantes se puso a gritar para desarticular el atentado y los otros lo siguieron pensando que era un gesto de valor.

En el comedor estaban reunidos con Pizarro el doctor Juan Blázquez, teniente de la gobernación; el capitán Francisco de Chávez, su adjunto más cercano, su hermano Francisco Martín de Alcántara y otros quince vecinos, todos soldados veteranos. Ahí, de pronto, dio las voces de alarma uno de los pajes del gobernador. La mayoría huyó de inmediato o se escondió en las piezas de la casa. Blázquez saltó por la ventana hacia la huerta, sujetando su bastón de autoridad real con la fuerza de sus dientes. Pizarro ordenó cerrar las puertas mientras sus pajes le ponían un par de coracinas. Francisco de Chávez cerró la puerta de la escalera que daba al primer piso. Los gritos subían insistentes y Chávez entonces pensó que eran simples revoltosos, abrió la puerta y al tratar de tomarles cuentas recibió una

Pizarro es atacado por los almagristas
en su propia casa.

estocada y una puñalada que le cortó el cuello. Los almagristas tuvieron acceso al comedor, entraron a tropel, y estaba vacío. Entonces fueron a las habitaciones de Pizarro, y en la puerta de la recamara, los recibió Francisco Martín de Alcántara.

Alcántara los detuvo con una espada de acero, mientras los pajes trataban de abrocharle las coracinas al gobernador. Este apartó a sus ayudantes y, desenvainando su espada, secundó a su hermano en la defensa.

Codo con codo, en la puerta de la recámara, los dos hermanos de una misma madre se batieron con arrojo. Pizarro esgrimía la espada con tal destreza que ninguno se le acercaba por valiente que fuera. Ese hermano llevaba su propio nombre y era quien más afecto le había inspirado al conocerlo. Su vida de conquistador primero y gobernador después, no le había permitido un trato frecuente, como había tenido en el último año de relativo solaz. Entonces, una estocada en el pecho mató a Francisco Martín. En su ayuda acudieron sus dos pajes y Gómez de Luna, el único invitado que se puso a la defensa del gobernador. Pero fueron perdiendo la vida por igual, uno a uno, hasta dejar solo a Francisco Pizarro.

Juan de Herrada quiso liquidar la lucha. Había sido el defensor de Atahualpa en el proceso quien ahora alzaba el brazo para matarle. ¿Qué extraño destino había en todo esto? Herrada cogió a uno de los suyos y lo arrojó contra Pizarro. Este lo recibió con su espada y lo atravesó, pero los de Chile ya estaban dentro de su habitación. Haciendo un cerco, tomaron de nuevo la ofensiva. Entonces ya no eran los almagristas los que caían sobre él, era como si las flechas caribes atravesaran su cuerpo. Juan de la Cosa atado a un árbol, el calor sofocante y el peligro escondido en medio de la selva espesa. Su cuerpo lleno de heridas. Balboa lo abraza, es la mar le dice, la mar de Catay y Marco Polo. Una espada le hiere la garganta y se baña en su propia sangre. Su codo está cortado, pide confesión y una voz se la niega. Se lleva la mano al cuello, y mojando sus dedos, hace una cruz con ellos. Entonces Hernando de Luque parte la hostia y le entrega la mitad, la otra mitad la recibe Diego de Almagro. Quiso besar la cruz y no pudo, la forma inmensa de un cántaro de barro le quebró el cráneo.

## EL FINAL DE LOS CONQUISTADORES

Inés de Muñoz quedó consternada con el asesinato de su esposo Francisco Martín y de su cuñado Francisco Pizarro. Entonces, llena de furor, salió en defensa de la dignidad de los hombres muertos, ante una Plaza de Armas que se iba llenando de fieles almagristas. El gentío reunido daba vivas al rey y saludaba con odio acumulado la muerte de Pizarro.

Inés puso a buen recaudo a los hijos de Pizarro en el Convento de la Merced, enfrentándose con coraje a los sublevados y exigiendo para el gobernador y para su esposo un entierro cristiano. Entretanto, Juan de Herrada proclamaba a Almagro el Mozo como nuevo y legitimo gobernador, en mérito a los títulos y capitulaciones que este último había heredado de su padre.

El Mozo fue paseado triunfalmente a caballo, y los almagristas atacaron y saquearon las propiedades de los pizarristas notables. En medio de asesinatos a mansalva, Inés de Muñoz se enfrentó a todos y mantuvo a raya, por unas horas, a la turba que exigía decapitar el cuerpo de Pizarro.

Juan de Barbarán, quien había sido criado del gobernador, preparó el cuerpo para el entierro. Le puso el hábito de la Orden de Santiago, sobre los hombros un tahalí de cuero y sobre el pecho un bracamarte. El cuerpo fue llevado al caer la tarde, en secreto y deprisa, a la Iglesia Mayor para su entierro; si bien el Mozo había dado licencia para las exequias, el gentío pugnaba por clavar la cabeza de Pizarro en la picota. Finalmente, el cadáver pudo ser depositado en una fosa cerca de la sacristía.

En medio del caos, muchos temieron por la vida de los hijos del gobernador. Pizarro le había dado a sus vástagos nombres muy cercanos a su grupo familiar: Francisca había nacido en Jauja en diciembre de 1534 y Gonzalo en Lima en 1535, ambos eran hijos de Inés Yupanqui. Pero más de una princesa inca había hallado la muerte por causa de los celos e incidías de la Yupanqui, así que Pizarro decidió quedarse con su preferida Angelina haciendo aquello que fue una práctica usual entre los conquistadores: dio a Inés Yupanqui en matrimonio a Francisco de Ampuero, servidor suyo, a quien le entregó también una encomienda. Desde 1538, los pequeños Francisca y Gonzalo habían quedado a cargo de Inés de Muñoz, cuñada española del gobernador.

Almagro el Mozo nombró a Juan de Herrada como su capitán general. A las filas de los almagristas se fueron sumando los más desposeídos, y pronto fueron entre 500 y 800 hombres. El Mozo envió emisarios a los Cabildos de las diversas ciudades para que aceptaran su autoridad. En San Miguel de Tangarará, hizo degollar a las autoridades por sus vínculos con Francisco Pizarro. Los hombres más acaudalados de cada lugar fueron despojados de sus bienes y, en muchos casos, asesinados. Antonio Picado, el secretario de Pizarro, fue torturado para que revelara dónde estaba el tesoro del gobernador; su cabeza terminó en la picota en medio de la Plaza de Armas.

El terror reinó en Los Reyes. Muchos lograron huir con la ayuda de fieles amistades o sobornos. Fray Vicente de Valverde, cercano a Pizarro a lo largo de toda la conquista, logró huir con algunos pizarristas hasta Tumbes; ahí fueron atacados por los indios de la isla de la Puná y Valverde terminó devorado por los naturales.

Inés de Muñoz también huyó con los hijos de Pizarro. En Quito se encontró con Vaca de Castro, quien por fin llegaba al convulsionado Perú. Regresó con él y se mantuvo a la expectativa de noticias definitivas para saber cómo proceder. Por su cuenta, Vaca de Castro recibió los buenos oficios de Gonzalo Pizarro, hasta entonces en una expedición en el país de la Canela y recién enterado de todo lo acontecido. El enviado del rey no aceptó la ayuda de Gonzalo por no dar a entender que tomaba partido por una de las facciones rivales.

Vaca de Castro envió un emisario para llegar a un acuerdo con Almagro el Mozo. Pero el Mozo ya no contaba en el consejo de Juan de Herrada, este había muerto como consecuencia de una herida en la pierna sufrida durante el asalto a la casa de Pizarro. Ahora él debía decidir cómo proceder, y lo hizo de manera equivalente a lo que en su momento fue la actuación de su padre.

Almagro el Mozo pareció soberbio e intransigente: sólo se sometería si se le daba una amnistía general a todos sus hombres, se le reconocía la gobernación de Nuevo Toledo y se le confirmaban todas las encomiendas que poseyó su padre. El emisario del rey no aceptó, y para tratar de comprar las voluntades de los capitanes de El Mozo envió un delegado secreto. El delegado fue descubierto y ahorcado sin proceso alguno; ya no había otra salida que la guerra.

La batalla se dio en Chupas, cerca de Huamanga, y enfrentó a 1500 españoles el 16 de sep-

tiembre de 1542. Unos 500 hombres murieron en una lucha mucho más cruenta que la batalla de las Salinas. Más de 100 heridos también fallecieron de frío esa noche, al ser despojados de sus ropas por los indios de los alrededores. Los capitanes y los hombres principales de El Mozo fueron degollados, y él corrió exactamente la misma suerte de su padre: El mismo verdugo le cortó la cabeza y la puso en la picota en la que estuvo la de Almagro el Viejo. La última voluntad de El Mozo fue ser enterrado al lado de su padre, lo cual se cumplió.

Pedro de Candia, quien tiempo atrás había sido injustamente acusado por Hernando Pizarro de sedición, estuvo del lado almagrista durante los quince meses del gobierno de facto de El Mozo. Sin embargo, durante la batalla de Chupas, cuando más se requería su reconocida capacidad, se le acusó de no disparar tal y como sabía contra el representante del rey. El propio Almagro el Mozo le dio muerte, dando fin a un hombre que había hecho de su nombre una leyenda, y de su fortuna, una de las mayores del Cusco.

Muy lejos de ahí y en el mes de mayo, del mismo año de 1542, el también legendario Hernando de Soto moría enfermo a orillas del río Mississippi. En 1539, Soto había partido hacía La Florida, en el norte de América. Ahí diezmó a los indios con ataques sangrientos, y las epidemias de los hispanos también hicieron lo suyo. Al final,

Batalla de Chupas entre las fuerzas de Vaca de Castro y de Almagro el Mozo.

Soto no encontró ni el oro ni la plata que siempre había buscado.

El Perú, durante todo aquel período, había sido una tierra de encomenderos. Eran unos 480 españoles que habían consolidado un sistema de vida: preferentemente una casa de piedra, muchos esclavos indios, un buen hato de caballos y un harén de mujeres indias a su servicio. En la mayoría de los casos, los españoles despojaban a los nativos de sus mujeres e hijas, marcaban a los indios con fuego y los torturaban con el uso de perros para obtener de ellos algo de oro.

La conveniencia de tomar el control político y económico de las colonias americanas, así como la prédica moral de fray Bartolomé de las Casas, dieron lugar a lo que se conoció como las Leyes Nuevas. El 20 de noviembre de 1542, el emperador dio un conjunto de leyes que suprimían las encomiendas a los miembros del clero, a los conventos, hospitales y a los funcionarios coloniales; pero junto con ello, determinaban también que las encomiendas fueran solo vitalicias.

Si bien no existía precisión alguna sobre el carácter perpetuo y transmisible por sucesión de la encomienda, sus beneficiarios lo entendían así, en tanto que eran similares a los señoríos creados en la península durante la reconquista. En la práctica, al no poder legar sus encomiendas, los conquistadores se sentían despojados de un triunfo que sentían suyo y en el que la Corona no había arriesgado.

Pero las Leyes Nuevas despojaban además de sus encomiendas a quien abusara de los indios, y en el caso del Perú se las retiraban a aquellos que hubieran participado en la guerra entre pizarristas y almagristas. En la práctica, esto último afectaba a todos los conquistadores peruleros, por ello Gonzalo Pizarro, en agosto de 1544 y desde el altiplano, escribió una carta en nombre de las ciudades y los encomenderos del Perú, impugnando con mucho detalle las Leyes Nuevas.

Por su parte, la Corona había nombrado como Virrey a Blasco Núñez Vela. Este, al llegar al Perú, encarceló a Vaca de Castro por corrupción y aplicó las leyes con tal rigor, que los cuatro oidores nombrados para la Audiencia de Lima decidieron deponer al Virrey y enviarlo a España.

Gonzalo Pizarro, el último de los Pizarro en el Perú, hizo su ingreso en la ciudad de Lima con 1.200 soldados y miles de cargadores indios. Los oidores se vieron forzados a nombrar como gobernador a Gonzalo. Núñez Vela, quien quedó bajo arresto domiciliario en una isla frente al Callao, logró fugar hacia Tumbes, y desde ahí declaró a Gonzalo Pizarro traidor al rey.

En la batalla de Iñaquito, Núñez Vela fue totalmente derrotado por Gonzalo. Herido en la contienda, el Virrey fue rematado por un esclavo negro, quien le cortó la cabeza. Gonzalo Pizarro llegó a contemplar la posibilidad de independizar al Perú de España, pero después de un dominio que se prolongó durante tres años, llegó al Perú el nuevo presidente para la Audiencia de Lima. Era el sacerdote Pedro de La Gasca, quien logró ganar partidarios de Tumbes a Lima y se enfrentó a las huestes de Gonzalo el 9 de abril de 1548 en Jaquijaguana, cerca del Cusco.

Derrotado, Gonzalo Pizarro prefirió una rendición honrosa a la fuga. Fue condenado a muerte y decapitado, conjuntamente con sus capitanes.

El 11 de marzo de 1550, una Real Cédula dispuso que todos los hijos de Francisco Pizarro y de sus hermanos fueran llevados a España. La Corona no quería futuras guerras con reivindicaciones similares a las enarboladas por Almagro el Mozo. El 13 de marzo de 1551, la Audiencia de Lima comisionó a Francisco de Ampuero para que llevara a su hijastra Francisca y a uno de sus medios hermanos a la Península. Los dos hijos de Pizarro y Angelina habían sido bautizados como Francisco y Juan, pero para entonces, tanto Juan como el pequeño Gonzalo, hijo de Inés Yupanqui, habían muerto.

En España, Francisco se casó con su prima Inés Pizarro, hija de Gonzalo Pizarro, pero murió sin descendencia a los 18 años de edad. Por su parte, Francisca, de 17 años, llegó a España y fue presentada a su tío Hernando Pizarro, en aquel momento prisionero en el castillo de la Mota.

Hernando Pizarro había dejado el Perú con rumbo a España en julio de 1539. Se presentó ante el Emperador con un soberbio Quinto Real y con el antecedente de todas las conquistas efectuadas por su familia en beneficio de la Corona española. Pero en la Corte se cuestionó su desmesurado enriquecimiento y las numerosas infracciones a la legalidad

Gonzalo Pizarro cayó derrotado y preso para posteriormente morir degollado.

en el proceso a Diego de Almagro. También se consideró que Hernando había actuado con sospechosa prisa en aquella oportunidad.

La Corona en realidad deseaba someter a los conquistadores del Perú y Méjico para generar un ordenamiento virreinal. Hernando fue condenado por el Consejo de Indias al exilio en un presidio en África del norte, lo que fue conmutado a una prisión dorada en el castillo de la Mota. Cuando Hernando conoció a su sobrina Francisca, no dudó en casarse con ella para unificar su fortuna con la de su extinto hermano.

En 1552, un Hernando Pizarro de 48 años se casó con una jovencísima Francisca. De la unión nacieron cinco hijos: Francisco, Juan, Gonzalo, Isabel e Inés. En 1561 la Corona dejó en libertad a Hernando, ya para entonces los Pizarro habían dejado de ser un peligro. La pareja se estableció en Trujillo de Extremadura, donde construyeron el Palacio de la Conquista en la Plaza Mayor.

En 1578, un anciano y ciego Hernando Pizarro, falleció en su lecho y en la tierra de sus ancestros.

Doña Francisca Pizarro se casó de nuevo en 1581, a los 46 años, con un hombre más de diez años menor que ella. Se trasladaron a Madrid a gozar del boato de una vida cortesana. Francisca había aprendido de niña a leer, escribir y a tocar el clavicordio; de manera intencional, imitó de adulta las dos rúbricas de su padre. Murió a los 64 años, el 30 de mayo de 1598, pero tras pocas generaciones su linaje se extinguiría. La descendencia del marqués Francisco Pizarro, el conquistador de aquella tierra casi mitológica llamada Perú, desaparecería por falta de progenie.

# Equivalencias:
# monedas, pesos y medidas

## MONEDA
maravedí = unidad monetaria española, muy variable.

real = moneda de plata de 0.6 grs. (equivalía a 34 maravedíes).

ducado = (moneda de oro de 23 quilates) 11 reales y 1 maravedí.

escudo = (desde 1537 hasta 1566, moneda de oro de 22 quilates) 350 maravedíes.

## PESO
peso = 4.55 grs.

onza = 28.8 grs.

libra = 460 grs.

arroba = (25 libras) 11.5 Kg.

quintal = (cuatro arrobas) 46 Kg.

peso de oro = 4.55 grs. de oro.

castellano = peso de oro.

marco de oro = 50 castellanos.

libra de oro = 100 castellanos ó 2 marcos de oro.

onza de plata = 28.8 grs. de plata.

marco de plata = 8 onzas de plata.

libra de plata = 16 onzas de plata o 2 marcos.

## MEDIDAS LINEALES

pulgada = la duodécima parte de un pie.
palmo = 21.5 cms.
pie = 28 cms. aprox.
vara = 83.6 cms. (o tres pies)
estado = (aprox. la estatura de un hombre de la época) 158 cms.
legua = (distancia que se camina en una hora) 5.57 Km.

RUTA DE LOS ESPAÑOLES Y FRANCISCO PIZARRO DURANTE LA CONQUISTA

TANGARARA (San Miguel 1532)

PIURA (XI-1533)

Huancabamba

Motupe

Lambayeque

Chachapoyas

CAJAMARCA (XI-1532)

Huamachuco

RUJILLO

Chimú

Virú

Huaraz

Paramonga

Tarma

CIUDAD DE LOS REYES (Lima fundada en 1535)

JAUJA

Chincha

Huamanga

CUSCO (XI-1533)

# Bibliografía

BASADRE, Jorge. "La multitud en la Conquista y la primera época de las ciudades españolas en el Perú". *Mercurio Peruano* 12.18. Números 129-130, mayo-junio de 1929.

BUSTO DUTHURBURU, José Antonio del. *La Tierra y la Sangre de Francisco Pizarro*. Lima: Universidad de Lima, 1993.

---. *Los Trabajos y los días del Marqués Gobernador*. Lima: Pontificia Universidad Católica del Perú, 2001.

---. *Pizarro*. Dos Volúmenes. Lima: Ediciones Copé, Petróleos del Perú. Primera edición, 2001.

CASAS, Bartolomé de las. *Historia de las Indias. México*, 1951.

CIEZA DE LEÓN, Pedro. *Descubrimiento y Conquista del Perú*. Roma: Editorial Francesca Cantú, 1979.

LAVALLÉ, Bernard. *Francisco Pizarro, biografía de una conquista*. Lima: Instituto Francés de Estudios Andinos, Instituto de Estudios Peruanos, Instituto Riva Agüero, 2005.

LEONARD, Irving A. *Los Libros del Conquistador*. México D.F.: Fondo de Cultura Económica, 2006.

LOCKHART, James. *Los de Cajamarca, un estudio social y biográfico de los primeros conquistadores del Perú*. Dos volúmenes. Lima: Milla Batres, 1974.

LOHMANN VILLENA, Guillermo. *Francisco Pizarro. Testimonio. Documentos oficiales, cartas y escritos varios*. Madrid: CSIC, 1986.

---. *Las ideas jurídico-políticas de la rebelión de Gonzalo Pizarro*. Casa de Colón. Valladolid, 1977.

LÓPEZ DE GÓMARA, Francisco. *Historia General de las Indias*. Madrid: Espasa Calpe, 1922.

PEASE GARCÍA, Franklin. *Los últimos incas del Cuzco*. Madrid: Alianza, 1991.

PARSSINEN, Marti. *Tawantinsuyu, el Estado Inca y su organización política*. Lima: Instituto Francés de Estudios Andinos, Pontificia Universidad Católica del Perú, 2003.

PIZARRO, Pedro. *Relación del Descubrimiento y Conquista de los Reinos del Perú (1571)*. Lima: Pontificia Universidad Católica del Perú, 1978.

PORRAS BARRENECHEA, Raúl. *El nombre del Perú*. P.L. Villanueva. Lima, 1968.

---. *Pizarro*. Lima: Editorial Pizarro, 1978.

Raimondi, Antonio. *El Perú*. Tomo II. Lima: Imprenta del Estado, 1876.

CÚNEO VIDAL, Rómulo. *Vida del Conquistador del Perú don Francisco Pizarro y de sus hermanos*. Barcelona: Maucci, 1925.

ESPINOZA SORIANO, Valdemar. *La Destrucción del Imperio de los Incas*. Segunda edición. Lima: Instituto Nacional de Investigación y Desarrollo de la Educación (INIDE). Lima, 1977.

---. "Los Huancas aliados de la Conquista". *Anales Científicos de la Universidad del Centro del Perú* 1, 1972.

FERNÁNDEZ DE OVIEDO, Gonzalo. *Historia general y natural de las Indias*. T. 117-121. Madrid: Editorial Atlas, 1959.

GARCILASO DE LA VEGA, el Inca: *Obras Completas*. T. 132-135. Madrid: Editorial Atlas, 1965.

GONZÁLEZ OCHOA, José. *Francisco Pizarro (Trujillo, 1478- Lima, 1541)*. Madrid, 2002.

GUTIÉRREZ DE SANTA CLARA, Diego. *Quinquenario o historia de las Guerras Civiles del Perú (1544-1548)*. T. 165. Madrid: Editorial Atlas, 1963.

HEMMING, John. *La Conquista de los Incas*. Segunda edición en español. Primera reimpresión. México D.F.: Fondo de Cultura Económica, 2004.

HERRERA, Antonio de. *Historia General de los Hechos de los Castellanos en las islas y tierra firme del Mar Océano*. Buenos Aires, 1944.

HINNES, Hammond. Los Conquistadores Españoles. Barcelona: Editorial Nogher, S.A., 1969.

HYSLOP, John. *Qhapaqñan. El Sistema Vial Inkaico*. Primera edición en castellano. Lima: Instituto Andino de Estudios Arqueológicos, Petróleos del Perú, 1992.

Rostworowski de Diez Canseco, María. *Doña Francisca Pizarro: una ilustre mestiza 1534-1598*. Segunda edición. Lima: Instituto de Estudios Peruanos, 1994.

---. *Historia del Tahuantinsuyu*. Segunda edición, cuarta reimpresión. Lima: Instituto de Estudios Peruanos, 2006.

Salas, Alberto Mario. *Las Armas de la Conquista*. Buenos Aires, 1950.

Stirling, Stuart. *Francisco Pizarro*. Primera edición. Buenos Aires: El Ateneo, 2007.

Someda, Hidefuji. El Imperio de los Incas, Imagen del Tahuantinsuyu creada por los cronistas. Lima: Pontificia Universidad Católica del Perú, 2001.

Torre, Juan de la. *Testamento ológrafo*. Inédito. Documento original propiedad del autor.

Trujillo, Diego de. Relación del Descubrimiento del Perú (1571). Madrid: Espasa Calpe, 1964.

Varón Gabai, Rafael. *La Ilusión del Poder, Apogeo y decadencia de los Pizarro en la conquista del Perú*. Lima: Instituto de Estudios Peruanos, Instituto Francés de Estudios Andinos, 1996.

Vega, Juan José. *Los Incas frente a España, Las guerras de la resistencia (1531-1544)*. Lima: Peisa, 1992.

---. *Manco Inca*. Lima: Peisa, 1992.